周恩来与邓颖超画传（精编版）

黄祖坤　主编

中国画报出版社·北京

图书在版编目(CIP)数据

周恩来与邓颖超画传：精编版/黄祖坤主编. -- 北京：中国画报出版社, 2018.4
 ISBN 978-7-5146-1589-0

Ⅰ.①周… Ⅱ.①黄… Ⅲ.①周恩来（1898-1976）－传记－画册②邓颖超（1904-1992）－传记－画册 Ⅳ.K827=7

中国版本图书馆CIP数据核字(2018)第045569号

周恩来与邓颖超画传：精编版

黄祖坤　主编　　余小惠　撰稿

出 版 人：于九涛
选题策划：于九涛
项目负责人：方允仲
责任编辑：刘晓雪
责任校对：韩丽群
编　　务：田朝然
美术设计：詹方圆
责任印制：焦　洋

出版发行：中国画报出版社
　　　　（中国北京市海淀区车公庄西路33号 邮编：100048）
开　　本：12开（889mm×1194mm）
印　　张：16.25
字　　数：200千字
版　　次：2018年4月第1版　2018年4月第1次印刷
印　　刷：北京龙世杰印刷有限公司
书　　号：ISBN 978-7-5146-1589-0
定　　价：298.00元

总编室兼传真：010-88417359　版权部：010-88417359
发行部：010-68469781　010-68414683（传真）

前言

"春天到了，百花竞放，西花厅的海棠花又盛开了。看花的人已经走了……离开我们了，他不再回来了。"

然而"海棠花现在依旧开得鲜艳，开得漂亮，招人喜爱"。海棠花在初春的阳光下随风摆动着，仿佛一群身着彩裙的少女，手捧着鲜花，以敬佩爱戴的心情，缅怀着曾经居住在这个院子里的主人、为众人敬仰的革命夫妻——周恩来与邓颖超。

周恩来与邓颖超的爱情诞生在美丽的海河之滨，从为人民的解放事业甘愿"上断头台"的誓言开始，这对革命伴侣的爱情就在中国革命的每一个征程中留下了深深的印记。

从确立共产主义信仰到广州第一次国共合作的风云变幻；从血雨腥风的上海到艰苦卓绝的江西革命根据地；从风雪弥漫的万里长征到抗日烽火燃烧的陕北；从雾都重庆红岩村到盘根错节的南京梅园，周恩来与邓颖超心连着心、肩并着肩战斗在最前线，为中华人民共和国的诞生建立了伟大的功勋。

在中华人民共和国成立后，无论逆境还是顺境，这对革命伉俪总是肩并肩，手挽手，同甘苦，共患难，风雨同舟，相濡以沫，为人民的幸福、国家的昌盛呕心沥血，鞠躬尽瘁。

周恩来与邓颖超的爱情是超凡脱俗，无与伦比的。他们的爱情建立在共同的理想和追求之上。他们的品格亦像他们的爱情一样，熠熠生辉，清纯洁白。他们身上集中了中华民族的传统美德：智慧、忠诚、坚定、理智、勇敢、谨慎、坦荡、无私……他们将爱洒向人间，他们将个人的一切荣辱得失置之身外，他们至善至美、大爱大德的精神境界为国人所敬仰。他们的名字是中国人格美与善、爱与真的化身。

两位伟人已经离开了他们挚爱的人民，但大江南北都留下了他们的身影，高山平川都印下了他们的足迹。人民会永远记住他们的名字——周恩来、邓颖超。他们的名字与日月同辉，永远镌刻在中华民族历史的丰碑上，永远铭刻在一代又一代中华儿女的心中。

目录

01 长夜漫漫诞忠魂
　 世有灵犀海河缘 …………… 001

02 爱国烈火燃"五四"
　 觉悟社里战友情 …………… 013

03 明信画片传心意
　 革命理想红线牵 …………… 021

04 广州相聚革命地
　 风云突变验真情 …………… 029

05 南昌起义第一枪
　 斗智斗勇赴"六大" ………… 039

06 敌人心脏插尖刀
　 地下斗争显神威 …………… 047

07 苏区艰苦诗红叶
　 风雪长征路途险 …………… 055

08 抗日烽火遍九州
　 坠马受伤到苏联 …………… 065

11 皖南事变惊中外
　 悲欢离合红岩村 …………… 081

10 抗战胜利传捷报
　 谈判桌边遇石礁 …………… 091

11 转战陕北迎解放
　 两地传书革命情 …………… 101

12 筹备新政同协力
　 海棠盛开西花厅 …………… 109

13 互敬互助为表率
　 廉洁律己做公仆 …………… 123

14 大爱融化在人间
　 五洲四海传友谊 …………… 135

15 动荡岁月同舟渡
　 丹心一片傲霜雪 …………… 161

16 革命伉俪惊寰宇
　 壮丽人生照地天 …………… 175

第一章 CHAPTER 1

01

长夜漫漫诞忠魂
世有灵犀海河缘

19世纪末20世纪初，是中国人民最痛苦最屈辱的年代。那时，由于帝国主义的入侵，中国已沦为半殖民地半封建社会。在帝国主义和封建势力的双重压迫下，中国人民处于水深火热之中。

在这漫漫长夜中，1898年3月5日，苏北淮安城的一条小巷内，一户周姓人家诞生了一个婴儿。传说其母生产前曾梦见一只鸾凤般的神鸟入怀，婴儿出生后，眉目俊秀，家人便为其取名大鸾，正名恩来，字翔宇，愿他成人后如鸾凤般展翅飞翔。周恩来未满一岁便被过继给了病危中的叔父抚养，不久叔父去世，由嗣母带在身边。他的嗣母出生在诗书世家，从小就经常给他讲关天培、韩信、梁红玉等爱国名将精忠报国的故事。周恩来还不到十岁，他的两个母亲就先后因病去世，年幼的周恩来担起了当家的重担。

1910年，十二岁的周恩来随在沈阳供职的伯父到了东北读书。在日俄争夺的东北，少年周恩来感受到了民族灾难的深重。一次课上，周恩来在回答老师提问"为什么而读书"时，发出了"为了中华之崛起而读书"的誓言，这坚定而博大的胸怀志向，使同学与老师都为之动容。

1913年，周恩来随调任天津长芦盐运司的伯父迁居天津，同年考取全国闻名的南开学校。

在周恩来将满六岁的那个冬日，1904年2月4日，中国西南边陲的广西南宁镇台的宅院中，诞生了一个女婴。这个女孩的到来，引起了镇台大人邓廷忠的震怒。邓廷忠原籍河南，是个武举人。他的第一任夫人去世后，续弦娶了家道败落的富商女儿杨振德，满心希望能生个儿子继承香火，没想到却生了女儿，重男轻女的邓镇台便要把女儿送给别人。

饱读诗书的杨振德是具有自主自强精神的勇敢女子，听到丈夫的话，她跑到厨房拿起一把菜刀，与丈夫抗争，以死来护卫女儿的生存权利。

这个被母亲用菜刀保护下来的小生命，取名玉爱。邓玉爱，就是后来成为周恩来妻子的邓颖超。

1910年周恩来北上奉天（沈阳）那年，邓颖超的家庭遭遇巨大的变故。父亲邓廷忠因得罪上司被发配新疆流放，后暴病身亡。母亲杨振德带着只有六岁的女儿流落到广州，又从广州千里迢迢投奔上海同乡，继而乘船到了天津。

杨振德不靠亲友接济，全凭自己学习的中医知识，自谋生路，在天津长芦盐业局育婴堂做了一名医生。为了补贴家用，小玉爱学织毛巾，手冻得通红，但在领到几个铜板的报酬时，她的心里是甜的。

在这段艰难的岁月中，杨振德曾面临失业的困境，但她十分坚强，一边找工作，一边教女儿学文化，这一切给了幼小的玉爱以深刻的影响。

1913年，九岁的小玉爱随母亲到了北京的一所平民学校读书，此时，她正式的学名叫邓文淑。

这所平民学校是中国社会党在北京开办的，提倡平民教育。校长是社会党北京支部负责人陈翼龙，他是孙中山同盟会的成员，反对袁世凯独裁卖国，宣传社会平等。

杨振德带着女儿在这所学校里一个教书，一个学习。她们受到学校进步思想的熏陶，听到许多进步的教职员对改革黑暗社会、争取平等权利的理想和愿望。在这所学校里她们不仅解决了温饱，更重要的是有了对革命的憧憬和认识。

然而好景不长，不久校长陈翼龙被袁世凯枪杀，平民学校也被警察查封。

杨振德带着女儿又回到了天津。

陈校长给她们带来的革命理想之火并没有随着校长的牺牲而熄灭，而是使她们更加懂得，在这个黑暗的社会中，要坚定地走自己的路。杨振德当了家庭教师，在多个家庭之间奔波，她决心一定要挣钱让女儿学习文化。

秋天，邓文淑考上了直隶第一女子师范附属小学。

周恩来此时正在闻名全国的南开学校读书，这是一所学科门类齐全、管理治学有方的学校。学校要求学生学习成绩与培养自强能力并重，修身有礼，装戴整洁。周恩来遵循校训组织了"敬业乐群会"，要求同学们"以智育为主体，而归宿于道德，联同学之感情，辅教科之不及"。

周恩来学业突出，为人谦和，博学多才，对同学真挚友爱，很快便赢得了同学和老师的好评与推崇，先后担任敬业乐群会智育部部长、副会长、会长。他对学校和班里的各项公益活动，无不热心尽力。

他在学校读书，生活俭朴，因为家境困难，常常不能按时交学费，便靠课余刻蜡板、写讲义勤工俭学。清贫的生活磨炼了少年周恩来吃苦耐劳的性格。

他在南开的新剧中扮演了女主角（南开是男校），他的演技出众，扮相姣好，影响甚广。他还在《敬业》期刊上发表了抒发为国事担忧之情的诗作："茫茫大陆起风云，举国昏沉岂足云……"

1917年，周恩来从南开学校毕业，选择了去日本留学。

这年9月，周恩来由天津坐轮船东渡日本。临行前，他写下一首著名的诗篇，抒发救国抱负。

"大江歌罢掉头东，邃密群科济世穷。

面壁十年图破壁，难酬蹈海亦英雄。"

邓文淑在直隶女师附小读了两年书，杨振德又失业了，母女二人只好靠织毛巾维持生计。但小文淑的学费怎么办呢？这时，她们得知直隶第一女师的预科如果考取前三名就可免收学费和住宿费，十一岁的邓文淑勇敢地决定去闯一下。

当时，预科招生规定最小十三岁，虚报了两岁的邓文淑闯进了前三名，学宿费全免，她凭自己的刻苦和胆量赢得了学习的机会。

直隶女师的校长是美国大学进修生，代理校长是南开学校的校长张伯苓，他的教育理念在当时是开明进步的。

邓文淑在直隶女师的预科和本科的学习中，接受了一丝不苟的师范教育，光课程就有国文、作文、习字、读经、修身、数学、物理、化学、历史、地理、生理学、教育学、法制、伦理、动物植物学、园艺、英文、日文、音乐、美术等三十多门。邓文淑学业优秀，成绩出类拔萃。

在学校的学生组织乐群会和校友会中，邓文淑被选为校友会余兴部委员和图书部干事。她是同学中年纪最小，能力却很强的学生干部。

1916年，十二岁的邓文淑以五百字的文言文写出《对于蔡松坡先生逝世感言》，被校友会选中登在学校《会报》的第二期上。她在文中阐述了自己的爱国宏愿："望吾同胞从此上下一心，振起精神，谋国家之进步！"她还提出："世事靡常，当能一定，安知吾国异日不立于万国之上哉！"

一个十二岁的女孩子，能提出如此响亮、胸怀博大的愿景，令人赞叹和钦佩。

"为中华之崛起而读书"，这是少年周恩来的壮志。

"谋国家之进步"，这是少年邓颖超的志向。

虽未谋面，身处学习阶段的两个少年，在漫漫长夜的旧中国，面对生活在水深火热之中的民众，面对军阀割据、内忧外患、列强虎视眈眈的中国，他们稚嫩却正逐渐成熟的心在思考，贫弱的祖国怎样才能自救？中国人民怎样才能走上一条奋发图强，令世界刮目相看的光明之路？

爱国的胸怀，报国的宏愿，在年轻的心中激荡。在动荡的年代中，一代伟人将创造出怎样的奇迹？时代又将造就怎样的英雄？

海河，这条汇入渤海的静静河流，又怎样才能使两位伟人的世纪之缘相结？

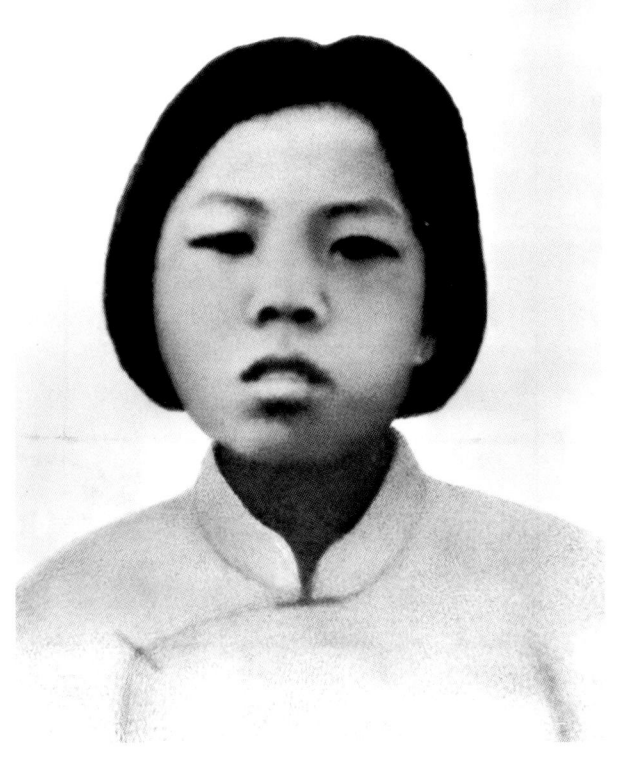

↖ 青年时代的周恩来

← 少年时期的邓颖超

↑ 1911年冬，周恩来在沈阳

↑ 1912年，周恩来在东北奉天

↗ 天津南开学校旧址。1913年8月至1917年6月，周恩来在此就读

→ 1917年，周恩来（上坐者）在南开学校毕业前与同学合影

← 周恩来（前排左一）同南开学校老师伉乃如（前排左二）等合影

↗ 在南开学校读书时，周恩来品学兼优，"凡公益事无不尽力"，深受同学爱戴。为研究学识，探求真理，他发起成立了敬业乐群会。这是敬业乐群会成员合影，左一是周恩来

→ 周恩来（右一）在新剧《一元钱》中饰演女主角孙慧娟

↑ 周恩来（右）和南开学校敬业乐群会同学张瑞峰（中）、常策欧（左）合影

↑ 南开学校《第十次毕业同学录》上刊载的周恩来小传

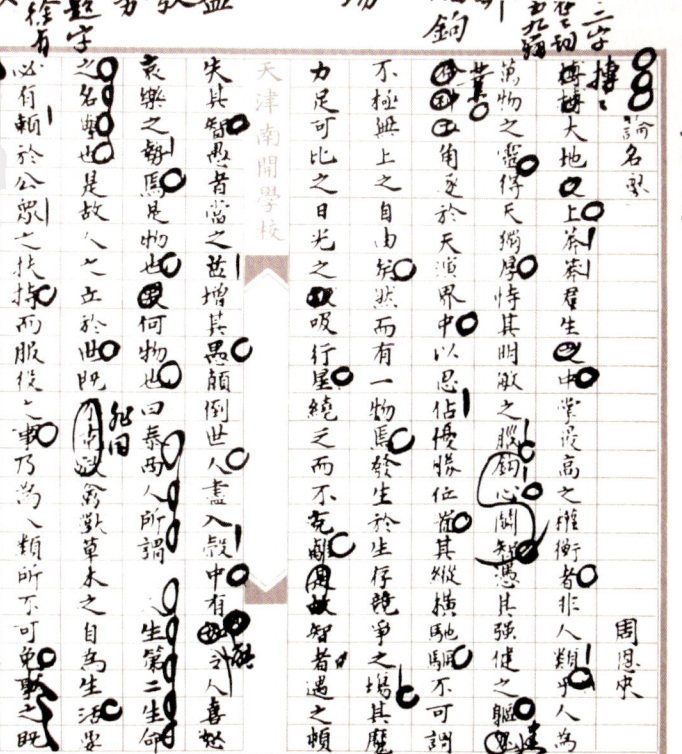

← 周恩来（前排左一）在上生理课

↙ 周恩来在南开学校读书时写的作文《论名誉》手稿

→ 1918年初，周恩来在日本的留影

↓ 周恩来（站者右二）与留日同学合影

↑ 周恩来（中）和留日同学在东京的合影

↗ 1916年，在天津直隶第一女子师范学校读书时的邓颖超

→ 直隶第一女子师范学校校址（旧）

↑ 1913年,邓颖超进入北京平民学校读书。这是平民学校师生合影。学生六排右一为邓颖超

第二章 CHAPTER 2

02

爱国烈火燃"五四"
觉悟社里战友情

1919年5月4日，中国爆发了历史上著名的爱国运动。

"五四"运动，是中国长期以来对帝国主义侵略和政府卖国罪行积郁的愤怒的大爆发。第一次世界大战结束后，中国作为战胜国，却在巴黎和会上被帝国主义列强逼迫把德国这个战败国的山东特权移交给日本。

全国人民愤慨至极、怒火中烧，声势浩大的爱国运动席卷全国。北京的爱国学生首先喊出了"拒绝巴黎和会签字""收回山东权利"的口号，点燃了曹汝霖所住的赵家楼，遭到卖国政府的镇压。北京的学生运动震动了全国，也震动了天津。

"五四"运动爆发前后，东渡日本留学的周恩来回到天津。在日本的一年多时间里，周恩来参加了留日学生的爱国团体新中会，在国外学子掀起的反抗日本政府同北洋政府秘签的卖国协定的运动中，他参加集会，散发传单。日本国内许多尖锐的社会矛盾和弊病使他深思。1918年，他接触到马克思主义的书籍，受到十月社会主义革命的影响，虽然他还未真正了解马克思主义理论，但已初步认识到，日本的道路不是中华民族自救之路，于是毅然选择了回国。

回到天津后，天津学生联合会邀请他做了《天津学生联合会报》的主编。为了办好会报，他白天走上街头讲演宣传游行，夜晚编校写文，投入到火热的斗争中。

与此同时，十五岁的邓文淑成为天津女界爱国同志会的执委兼讲演队队长。

盛夏，邓文淑登上南开学校的演讲台，激愤地说："同胞们，是我们团结起来抗争的时候了！"

邓文淑充满爱国情怀的讲演激起了群众强烈的共鸣，也引起了周恩来的关注。早在两年多以前，直隶女师的同学们就在南开学校的礼堂观看过周恩来主演的话剧《一元钱》，周恩来扮演女主角孙慧娟。邓文淑对台上扮相秀美的女主角印象深刻，也记住了周恩来这个名字。后来，周恩来又受邀对邓文淑主演（女扮男装）的话剧进行指导，相识之初，他

们都给彼此留下了很好的印象。

1919年9月，周恩来进入南开学校大学部（不久改为南开大学）文科学习，成为南开大学第一期学生。同时，邓文淑也以优异的学习成绩升入直隶女师的四年级。此时，她已更名为邓颖超。

不久，天津学生联合会和天津女界爱国同志会中的一些骨干，在周恩来的倡议下决定成立一个更加严密的组织，以便总结运动的经验，研究新思潮，还准备出版自己的刊物。

1919年9月16日，二十个青年男女在天津草厂庵学联办公室开会，天津爱国青年进步团体"觉悟社"宣告正式成立。

周恩来、谌志笃、马骏、潘世纶、赵光宸等南开学校的学生及郭隆真、刘清扬、张若名、李毅韬、邓颖超等直隶女师的学生成了觉悟社的主要成员。

在周恩来起草的《觉悟的宣言》中，明确地提出了他们奋斗的宗旨就是"要自己觉悟，自己决定，革新思想，革新世界""睁眼看看什么是世界，沉下心想想怎样为人""先改造自己的思想，进而改造中国"。

这个充满朝气的革命青年团体刚刚成立的第五天，就请了北大教授李大钊来社指导。李大钊是进步青年的导师，在"五四"时期的学生中享有很高的声望。他非常赞同觉悟社男女同学合作，打破封建隔阂，组成革命团体的行动。他嘱咐觉悟社的成员，要好好阅读《新青年》和《少年中国》等进步刊物上发表的关于马克思主义学说的文章。

遵照李大钊的想法，觉悟社成员在周恩来等人的倡导下，专题研究并讨论了关于白话文、妇女解放、家庭改造问题、工读主义等新思潮。

觉悟社汇集了"天津学界最优秀、纯洁、奋斗、觉悟的青年"，北京晨报称之为"天津的小明星"，但是年轻的觉悟社对如何挽救国家，还在启蒙阶段，对马克思主义也还知之甚少。

10月，为声讨军阀马良在山东镇压爱国学生运动的罪行，觉悟社成员郭隆真、黄正品、关锡斌等与北京、上海的学生一起前往总统府请愿，被军阀政府逮捕。

为了营救被捕代表，周恩来、马骏、谌志笃和邓颖超等觉悟社成员决定在"双十节"共和纪念会上向反动政府抗议，并准备好了声势浩大的示威游行。

周恩来、邓颖超等十四人组成了大会主席团，会场上举起了"热血救国""提倡国货、抵制日货""一致对外、至死不屈"等口号标语。

天津市警察厅动用了武装警察对学生们的爱国行动进行阻挠。大会结束后，警察将学生的游行队伍拦住，并动武殴打学生。学生们冲破警察的包围圈来到天津金钢桥畔的直隶省公署，强烈要求直隶省长接见群众代表，抗议政府镇压取缔学生团体的行为。反动当局命令军警向学生施暴，还悍然逮捕了前去说理的周恩来、郭隆真、于兰渚、张若名四名代表。

周恩来等被捕后与先前被捕的二十人一起被关押在拘留所。敌人对他们既不审讯，也不释放。为了争取应得的权利，被捕代表们秘密联络，决定以绝食斗争的形式向警方进行抗议，以此争取公开审讯的权利。

邓颖超听到狱中战友绝食的消息，心急如焚。她立即召集觉悟社的成员开会，决定联络二十四人，背上铺盖上警察厅，要求释放被捕的全体代表，一个顶一个代替他们坐牢。

大家十分赞成邓颖超的提议，很快邓颖超、谌志笃、郑季清、吴瑞燕、赵光宸等二十四名学联代表来到警察厅前，要求释放被拘留的代表，邓颖超勇敢地说："我们愿意代替被捕的代表坐牢！"

警察厅长从没见过这样的阵势，以不能做主为由拒绝学生代表的要求，邓颖超义正辞严地说："警方对入狱的代表不公审亦不释放，逼得他们绝食损害自己健康，我们坚决要求见面，否则我们不放心。"

警察厅长杨以德只好让邓颖超他们与狱内的代表见面。邓颖超看见周恩来、马骏等人满面胡须，郭隆真和张若名脸色苍白，形容憔悴，她忍不住泪水盈眶，十分心痛。

在天津各界爱国联合会和天津学联代表的努力下，著名大律师刘崇佑为学生代表进行了辩护。迫于社会舆论的强大压力，又惧于周恩来等人在狱中坚持不懈的斗争，经过法院审讯，天津地方审判厅只好宣布释放周恩来等被捕代表。

狱中的抗争和狱外的救援取得了胜利，周恩来对邓颖超这个觉悟社里年纪最小，但又异常勇敢聪慧的女孩子留下了深刻的印象。

在"五四"运动的激流中，周恩来是出类拔萃的学生领袖。他果敢、坚定，对救国救民的思想追求和充满智慧、才华横溢的革命行动给有着共同理想和斗争目标的邓颖超亦留下了深刻的印象。

在觉悟社，为了躲避敌人的审查，周恩来、邓颖超这一对革命战友通过抽签的办法，用号码作为自己的化名，"伍豪"——周恩来，"逸豪"——邓颖超。他们志同道合、心心相印，为了追求共同的革命理想，斗争在救国救民的革命实践中。

但是，国难当头，周恩来和邓颖超当时根本无暇顾及儿女之情，他们为革命甚至信奉"独身主义"，一心要把自己投入到火热的斗争中去。波澜壮阔的"五四"运动已经把学业优异、勤奋向上的两个年轻人铸造成了卓越的爱国者和勇敢的革命者。

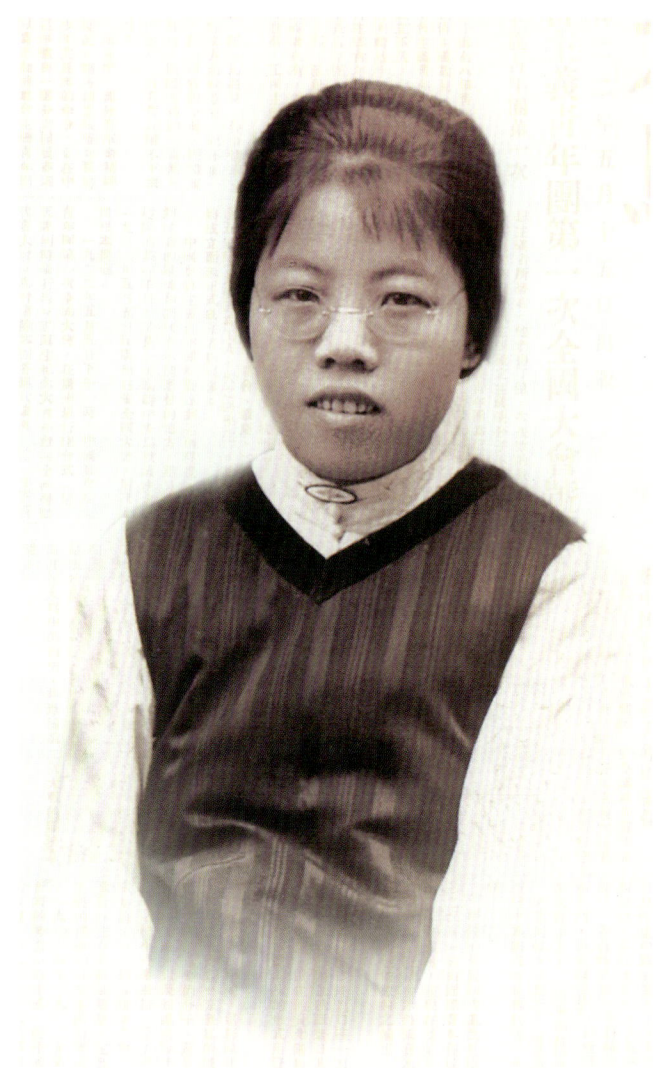

↖ "五四"运动时期的周恩来

↑ "五四"运动时期的邓颖超

↗ 觉悟社部分成员合影。后排右一为周恩来,右三为郭隆真,右五为马骏;前排右二为刘清扬,右三为邓颖超

→ 1920年8月16日,觉悟社邀请少年中国学会等四个团体在北京陶然亭集会,李大钊应邀出席了这次大会。这是当时开会的情景,背向镜头最近的是周恩来

↑ 1920年，在南开大学就读时的周恩来

吸烟，賭錢……這種種的惡習慣，實在是有害無益的。 既費時間，又耗金錢，而且又有害於衛生；在那種沒有一點人生常識同不明白衛生學的人，吸烟賭錢……還有情可原。 但是我們受過教育，負指導社會責任的學生，又爲什麼吸烟賭錢……染這種惡習慣？

爲什麼要有華麗的裝飾？

人人不能不裝飾，不過只求其整齊清潔，便可了事。 然而現在一種「離奇古怪」「不悅人目」的裝飾，真是令人見着生厭。 頭上的帽子歪頂着，穿着種種「美麗鮮艷」的衣服，登着不自然的鞋子，加上那極鮮妍的襪子；臉上擦上什麼鬢花，撲粉，香水……或者捲上頭髮，畫着眼眉，把人生自然美的要素全失去了。 我想這種不注重的裝飾，出於那沒受過教育的人，還可，不想偏偏在學生裏邊發見很多，將來還拿什麼指導人去？人的精神是很有限的；如果要將全幅精神去注重在裝飾上，我想研究學術的精神，恐怕就沒有多少了。 我實在爲我們學生大家可惜，爲什麼要這樣？

爲什麼不實行？

學校裏每天講的修身，要「躬行實踐，」要「言行一致，」然而看這些學生說的是什麼話？作的是什麼事？開談起來不是「張非」就是「李錯，」什麼人生的真義，自己的責任，現在國家的大勢，當局的不得人……真是高談闊論，無所不知；走到街上講演起來，什麼社會的不是，家庭的錯誤，商人應當怎麼作，工人應當怎麼作……說的「

爲什麼……？

二九

爲什麼……？

這段話雖與我意見不合，但是很有討論的價值，所以亦把他寫在上面。

再有對待丈夫一件事，很不好說，因爲夫婦的對待，要隨各人情意的， 但我有一兩句話的忠告：夫婦內裏要真誠，形式要冷淡；精神同經濟要完全獨立。 這樣才可以得真自由；真平等；真是新家庭；真是伉儷。 有了兒子好好教育就是父母的責任，父母自可以望他成一個特殊希人材；萬不要的望他將來的歸養。 自己兒子大了，叫他分居；叫他自己擇偶，父母既然不依賴他，他待父母的好否，也就不成問題了。——八·十·二九·完稿

爲什麼……？——八·十一·十·作的

爲什麼看不起人？

人是平等的，是互助的，這種新思想日唱日高；而且作學生的這種呼聲是更高。 既然能說出這種話來，我想那看不起人的念頭，通可打消了。 但是現在多數學生，覺着自己有點學問，裝飾的新奇一點，覺着算是社會上特出的人了，於是見了那無知識的，貧窮的，鄉下的同那勞動界一般苦同胞們，簡直的就不願意理他；坐在家裏不是「嘆奴」就是「罵婢，」走在路上不是「罵拉洋車的，」就是「笑人痴傻。」 唉！可憐這種無知識的同胞們，覺着自己知識有些缺乏，也就得甘心受這種無理的輕視。 然而我要問我們這些學生，受的是高等教育，唱的什麼「平等」「博愛」「互助，」難道連自己的責任，同人的意義還不知道嗎？大家想想究竟爲什麼看不起人？

壹

二八

第三版　中華民國八年十一月二十五日　晨報　即舊歷己未年十月初四日　星期二

長沙特約通訊

魯省會電話直接交涉

北京學生聯合會開會詳情

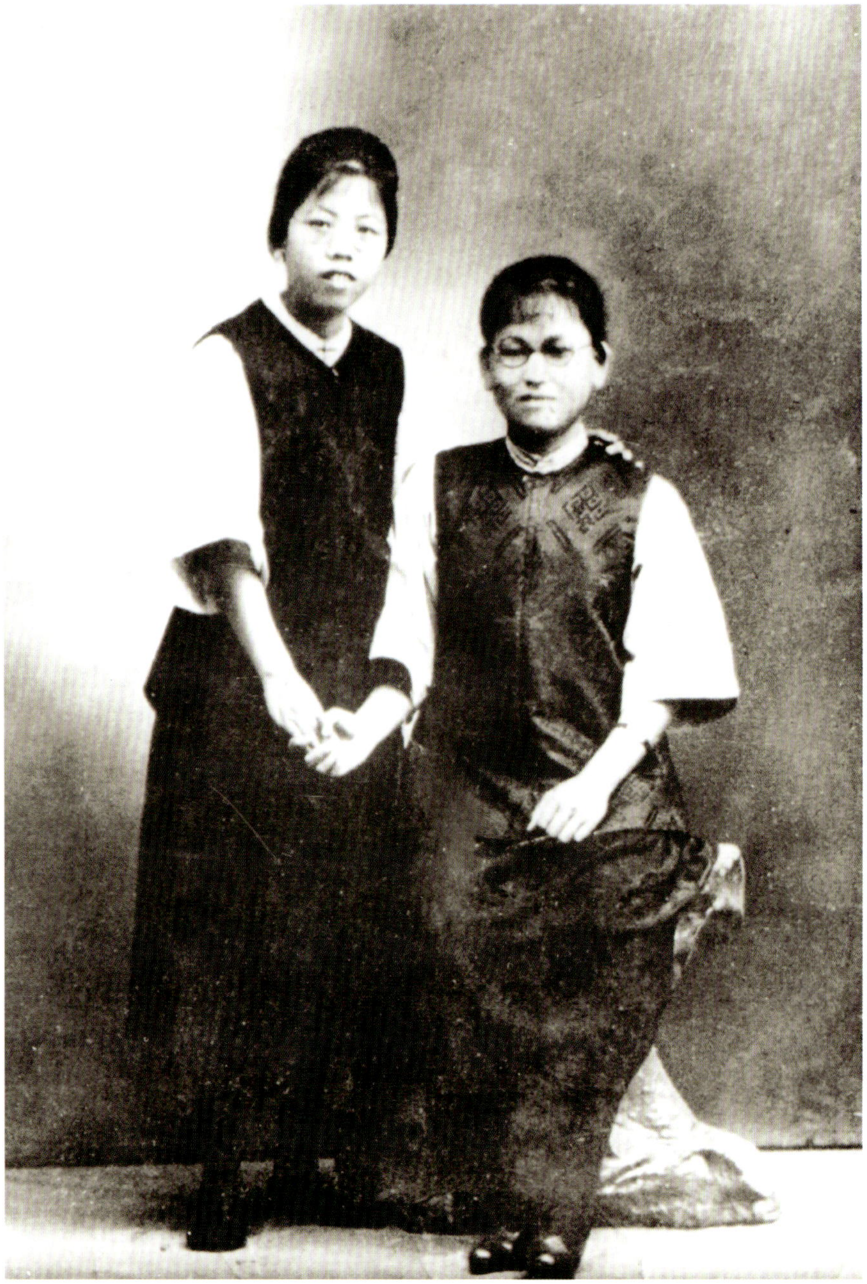

↑ 邓颖超同觉悟社社友郭蔚庭合影

↗ 邓颖超以“壹”为署名在《觉悟》上发表的文章

→ 北京《晨报》对觉悟社的评价

↑ 1920年1月，在抵制日货的斗争中，周恩来被警察厅拘捕，邓颖超等积极营救。半年的狱中斗争和"五四"运动的洗礼，使他们的意志更加坚强。这是周恩来（四排左四）等出狱后的合影

→ 天津觉悟社旧址内景

第三章　CHAPTER 3

03

明信画片传心意
革命理想红线牵

1920年11月7日，在寒风中，法国邮船"波尔多斯号"由上海启航了。周恩来、郭隆真、李福景、张若名等一百多名赴法勤工俭学的学生住在四等舱内。这批赴法的留学生是为了到巴黎公社的故乡去寻求救国救民的真理。周恩来后来在给表哥的信中写道：弟来欧洲的"主要意旨，唯在求实学以谋自立，虚心考查以求了解彼邦社会真相暨解决诸道，而思所以应用之于吾民族间者"。

经过一个多月的艰苦旅行，周恩来等人到达了法国南部著名的马赛港。

在欧洲勤工俭学的生活中，周恩来先是在英国首都伦敦进行社会考察。英国是当时世界上最强大的资本主义国家，世界贸易和金融的中心。而社会的现状却非人们想象的生活富足、经济繁荣。英国在第一次世界大战后，经济萧条，人民生活很艰难，社会动荡不安，问题比比皆是。周恩来到英国两个月后就遇到英国煤矿工人大罢工，这场罢工运动声势浩大。周恩来深入矿工中间，写了许多关于英国矿工风潮的报道。在文章中，他一针见血地写道："劳资战争，舍根本解决外其道无由。"

但是，根本解决劳资矛盾的"道"是什么呢？周恩来到了法国。在法国，他一方面为《益世报》撰稿以换取生活费用，一方面如饥似渴地学习马克思、列宁主义的许多著作。他读了《共产党宣言》《国家与革命》《社会主义从空想到科学的发展》等经典著作，他在《卡尔·马克思的生平与教导》一书中给下面这段文字画了着重线："我的新贡献就是证明了下列几点：1.阶级的存在仅仅同生产发展到一定历史阶段相联系；2.阶级斗争必然要导致无产阶级专政；3.这个专政不过是达到消灭一切阶级和进入无阶级社会的过渡。"

经过反复思考和深入的学习，周恩来把马克思的话作为自己一生中最重要的选择，确立了共产主义的信念。1921年，经张申府、刘清扬介绍，周恩来加入了中国共产党。他在给觉悟社社友和邓颖超的信中说："我认的主义是一定不变了，并且很坚决地要为他宣传奔走。"

信中有一诗《生别死离》写道："壮烈的死，苟且的生。贪生怕死，何如重死轻生！没有耕耘，哪来收获？没播革命的种子，却盼共产花开！梦想赤色的旗儿飞扬，却不用血来染他，天下哪有这类便宜事？"

远在天津的觉悟社社员们和邓颖超看到周恩来热血沸腾的信件和诗歌，受到莫大的鼓舞。

周恩来赴法是得到了非常欣赏他的南开学校创办人严修的费用资助。郭隆真、张若名等人家境较好，而邓颖超因家境贫寒无法筹措到赴欧的费用，便留在国内，先是在北京后回到天津，做了一名小学教员。

邓颖超在北京公立高等师范附小教书时，就在自己的教学中，以讲故事的方式向学生介绍太平天国的斗争、讲辛亥革命、讲自己参加的"五四"运动……这些爱国主义的教育使孩子们幼小的心灵受到了革命思想的洗涤。她的教学引起学校当局的不满，学校当局严格限制了她的教学活动，邓颖超愤然辞职。

她回到天津。天津达仁女校校长马千里是爱国的教育家，他聘请邓颖超到达仁女校任教。

邓颖超在达仁女校仍坚持爱国的思想教育，她讲"五一"国际劳动节的意义；讲反抗资本家剥削的美国工人的斗争；讲"五四"运动中许多可歌可泣的斗争故事……在这里，她的做法得到了进步校长的肯定。

不久，受北京女权运动同盟会的委托，邓颖超在天津组织女权运动同盟会直隶支部，她在起草的《女权运动宣言书》中明确提出"女权运动"：第一步，要与革命的民主主义联合起来，对抗封建军阀；第二步，要与革命的社会主义结合起来，对抗帝国资本主义！这个目标表明了邓颖超坚定的反帝反封的革命立场和对社会主义的明确主张。

邓颖超主持的女权运动同盟会直隶支部积极参加力争收回被日本占领的旅顺、大连的爱国斗争。她组织家庭讲演队，向广大妇女宣传抵制日货，救国维权。她还组织平民女子补习学校，宣传妇女解放运动，并担任了觉悟社的杂志《觉邮》的主编。这本杂志把国内外的觉悟社成员联系起来，成为沟通思想、交流心得的斗争阵地。她亲自撰写了许多文章，这些文章漂洋过海，得到周恩来等同志的赞许。周恩来也寄来一些自己的文章刊登在《觉邮》杂志上。

思想上的共鸣，使远隔重洋的两颗年轻的心靠拢了。

周恩来和邓颖超的两地书开始频繁起来。周恩来把他在法国与蔡和森、李维汉、李富春、赵世炎相识并一起参加工学励进会（后改名工学世界社）的活动，以及向中国驻巴黎使馆要求"生存权"和"求学权"的斗争情况写信告诉邓颖超，并把他们主持出版的旅欧共产主义青年团的刊物《少年》和《赤光》寄给她。邓颖超则把自己在天津的斗争情况和她们成立女星社办的杂志《女星》和《妇女日报》寄过去。

两地书信交流了他们学习马克思主义的思想变化和信仰的树立，批判了当时的各种错误思潮，如国家社会主义、无政府主义等，他们的思想渐渐地成熟了，由爱国的进步青年蜕变成了坚定的共产主义者。

1922年秋天，和周恩来一起在法国勤工俭学的李维汉到天津看望邓颖超。

邓颖超热情地接待了与周恩来同在欧洲战斗的战友，李维汉跟她谈了许多旅欧少年共产党的活动情况，然后微笑着说："我这次还是个绿衣使者，受命给你带了封信来。"

邓颖超接过他递过来的明信片，不禁心头一热，明信片上印着著名的革命伉俪李卜克内西和卢森堡的照片，周恩来用那熟悉的、漂亮的字体在上面写了这样一句话："希望我们两个人，将来也像他们两个人那样，一同上断头台！"

邓颖超感到自己的心跳加速，脸上发烫，周恩来的话既是革命的誓言也是爱情的誓言，他用这样勇敢的语言向她递交了一份旷世罕见的情书。

后来，当周恩来回忆起他与邓颖超的定情时对他的侄女说："我需要的是能一辈子从事革命"，能经受"革命的艰难险阻和惊涛骇浪"的伴侣，"这样，我就选择了你们的七妈（邓颖超）"。

邓颖超在文章中回忆说："那时我们都加入了无产阶级先锋队的行列。宣誓的时候，我们都下定决心，愿为革命而死，洒热血，抛头颅，在所不惜。我们之间的书信，可以说是情书，也可以说不是情书，我们信里谈的是革命，是相互的共勉。我们的爱情总是和革命交织在一起，因此，我们革命几十年，出生入死，艰险困苦，患难与共，悲喜分担，有时战斗在一起，有时分散两地，无畏无私。在我们的革命生涯里，总是坚定地、泰然地、沉着地奋斗下去，我们的爱情，经历了几十年也没有任何消减。"

1924年，邓颖超参加组建天津社会主义青年团，第二年3月，转为中国共产党党员。

为了严守党的机密，邓颖超没有把自己入党的消息告诉周恩来，她不知道，早在四年前，周恩来已经入党，是中国共产党早期党员之一。

↖ 1922年，周恩来在柏林留影。这张照片是周恩来赠给同学张蓬仙的，照片上有周恩来的亲笔英文签名

← 1920年11月，周恩来赴法国勤工俭学；邓颖超在京津地区组织、领导女权运动同盟会直隶支部和女星社，成为中国妇女解放运动的先驱者。这是在京津时期的邓颖超

↑ 周恩来在巴黎的工作地和住处门前的留影

↑ 周恩来在照片背后写给同学潘世纶（述庵）的信

↗ 1921年春，周恩来与他的入党介绍人张申府（右一）、刘清扬（右二）夫妇及好友赵光宸（左一）在柏林万塞湖留影

→ 1923年2月，旅欧中国少年共产党召开临时代表大会，决定改名为中国社会主义青年团旅欧之部。这是会议期间与会代表在巴黎郊外布伦森林合影。三排右六为周恩来

↑ 1924年7月,国民党驻法总支部成员欢送周恩来归国时的合影。前排中坐者为周恩来

← 邓颖超（右一）与女师同学张淑文合影

↙ 邓颖超担任北京高等师范学校附属小学教员时留影

→ 1924年的邓颖超

↓ 《女星》第三期上刊登的邓颖超的文章《两个使我难忘的五七》

第四章　CHAPTER 4

04

广州相聚革命地
风云突变验真情

1924年7月，在国共第一次合作中以广东为根据地的国内革命运动发展迅速，需要大批干部补充到革命队伍中来，旅欧党组织派周恩来回国赴任。

周恩来经过一个月的海上颠簸，回到了祖国，迎接他的是中国大革命的洪流和具有重大责任的革命重担。

周恩来到达广州后，担任了中共广东区委委员长，后改任广东区委常委兼军事部长以及黄埔军校的政治部主任。随军东征时，周恩来还兼任了东征军总政治部总主任和国民革命军第一政治部主任、副党代表。

工作繁忙、身兼数职的周恩来夜以继日地工作，常常忙得连饭也顾不上吃。

周恩来担任中共广东区委委员长期间，广东区委做了两件大事，一是支援孙中山先生北上。当时，冯玉祥在北京发动政变，囚禁了直系军阀首领、北洋政府总统曹锟，欢迎孙中山北上，这个做法得到了中共广东区委的支持，扩大了国民革命的影响。二是组建大元帅府铁甲车队，铁甲车队的领导人全部是中共党员，这为以后的叶挺独立团奠定了基础。

这些做法，源于周恩来对革命武装问题的深刻认识，早在1922年他就曾撰文说："真正的革命非要有极坚强、极有组织的革命军不可。"因此，他除了组建由共产党直接领导的武装外，还十分重视黄埔军校的工作。他亲自创建了学校政治工作制度，加强对军校学生的政治教育，指导成立了校军教导团和中国青年军人联合会，短短几个月内黄埔军校的共产党员发展到四十三人，军校的党支部由周恩来代表的广东区委直接领导。

黄埔军校和广东区委的双重工作使周恩来常常早晨从广州乘船到黄埔军校，晚上又赶回广州主持广东区委的会议。讲课、做报告、部署工作，使周恩来分身乏术。

1925年7月，邓颖超离开天津，南下广州。一方面，她将接受组织安排的新工作，另一方面，她将与已经定情的周恩来会合。

那天，邓颖超登上广州码头。码头上人来人往，熙熙攘攘。邓颖超焦急地寻找却找不到周恩来的身影，便自己拿着他寓所的地址找去了。

原来此时正值广东区委领导省港大罢工，周恩来抽不出时间，便委派陈赓拿着邓颖超的照片去码头接人，彼此不相识所以错过了。

陈赓在周恩来的寓所前找到了邓颖超，一心向往广州轰轰烈烈革命的邓颖超不肯休息，便随陈赓去周恩来开会的区委。她看到了正在与省港罢工委员会的领导人苏兆征、邓中夏、陈延年一起开会的周恩来。五年未见，周恩来越发显得干练、成熟、英气逼人。邓颖超心中十分激动。

周恩来抬眼望见了邓颖超，她打扮得依然如五年前，白衣黑裙，但脸上呈现出一种成熟的美，已没了当年的稚气。

周恩来朝邓颖超点点头，便匆匆与陈延年赶去开下一个会。

陈赓在旁边看在眼里，很替邓颖超抱屈，千里迢迢来的未婚妻怎能一句招呼未打就走了呢。

邓颖超却潇洒地笑了，她说："恩来他忙，我们是革命战友，一切以工作为上。"

晚上广州宵禁，邓颖超在罢工委员会随便休息了一晚，第二天清早直奔广东区委报到。她被分配担任中共广东区委委员兼妇女部部长，同时还担任国民党广东省党部妇女部秘书并兼任妇女部长何香凝的助手。她立即投入到了工作中。

当天傍晚，她拖着疲惫的身体回到周恩来的寓所时，才与刚刚回来的周恩来说了分别五年后的第一句话。

在广州文德路文德楼的一间简朴的小房间里，没有结婚证书，也没有证婚人，周恩来、邓颖超这一对革命恋人结婚了。

邓颖超后来回忆道："当时我们要求民主、要求革新、要求革命，对旧社会一切的封建束缚，一切旧风习，都要彻底消除……我们就很简单地，没有举行什么仪式，住在一起。在革命之花开放的时候，我们的爱情之花并开了。"

几天后，他们在广州的一家小照相馆拍了一张合影。黄埔军校的许多同志知道了他们结婚的消息，闹着让他们请客，周恩来夫妇便在一个小餐馆请大家吃了顿饭。此时正值第一次国共合作期间，客人中既有共产党员，也有国民党员，包括邓演达、陈延年、邓中夏、恽代英、何应钦、钱大钧、张治中、陈赓、张婉华和李富春、蔡畅夫妇等。

应客人所邀，邓颖超在席间发表了精彩的讲演式的"恋爱经过"报告，赢得了客人们的阵阵掌声。他们原来只了解周恩来，一个有着卓越领导力、敏锐洞察力和贴心的有亲和力的领袖人物，没想到周夫人也这样出色，语言丰富，行动干练，大方勇敢。

周恩来和邓颖超婚后的生活非常简朴，窗边一张写字台，一只摆满了书籍的藏书架，一张木板床，楼上是他们的卧室，楼下的房间里有一张长方桌子和一些圆木凳子，这是周恩来会客或开会的地方。与别人家不同的是，他们的窗台上常常摆着一盆美丽的鲜花，这是因为邓颖超爱花，周恩来特地找来的。这是他们忙碌的革命工作之余所保留的一点浪漫和温馨。

广东的革命形势既轰轰烈烈又暗流涌动，危险重重。1925年，上海发生了"五卅"惨案。6月，香港工人举行了省港大罢工，紧接着，周恩来率领东征军的两个营和黄埔军校一个营的学生军参加了广州人民声援上海和省港工人的示威游行。游行队伍经过沙基时，英国军警向他们开枪，走在队伍前面的周恩来左右两边的两个同志都牺牲了。沙基惨案之后不久，就发生了廖仲恺先生被刺事件。

国民党右派动手了。邓颖超听闻噩耗赶到医院，紧紧握住廖夫人何香凝的手，何香凝泪如雨下。邓颖超之后在讲话中说："大家要化悲痛为力量，踏着廖先生的血迹前进，要负起民族解放的责任，做国民革命的先锋。"

廖案发生后，为了抓住凶手，广州戒严。但阴险的蒋介石没有通知便提前两小时戒严，以致周恩来在坐车去司令部时，警卫朝他乘坐的汽车开了枪，司机当场身亡，幸亏周恩来机警地卧倒才幸免于难，但他的西服上溅满了司机的鲜血。车停后，他立即高声宣布自己的身份，警卫才停止开枪。

这年9月，国民政府决定进行第二次东征，周恩来任东征军总政治部总主任，随军讨伐陈炯明旧部叛军杨坤如。东征军攻克惠州后，周恩来进驻潮汕主政后方工作。东征军总指挥部入闽追击全歼陈炯明残部。随后，南征军肃清雷州半岛，收复海南岛，统一广东的革命战争胜利完成，巩固了广东革命根据地，为开始北伐战争奠定了有力的基础。

周恩来东征时，邓颖超在广州继续开展广东妇女工作。不久，她发现自己怀孕了。此时，她不仅没有喜悦反而紧张起来。她刚刚到广州开展工作，广东的妇女运动有大量的工作需要她，反复思考后，她自己在街上买了打胎药悄悄服了下去。

何香凝来探望她，邓颖超没有吐露真情。她的母亲在天津得知此事，匆匆赶过来，看到女儿的样子又是心疼又是生气，责备她不该自己私自打胎。在懂得中医的母亲的医治调养下，邓颖超的身体渐渐好转了。

1925年11月，周恩来率东征部队进入汕头，被任命为国民政府东江各属行政委员，负责惠（州）、潮（州）、梅（县）和海陆丰二十五个县的地方行政工作。恰在此时，国民党广东省党部任命邓颖超为潮梅特派员，代表广东妇女解放协会到潮汕一带开展妇女工作。

周恩来与小别后的妻子重逢了。他一眼望去就发现妻子的脸色不好，人也瘦了，于是关心地询问妻子。邓颖超只好把自己怀孕打胎的事告诉了丈夫。

一向平和的周恩来听后十分生气，他一改往日温和的口气，严肃地责备邓颖超："你怎么能把生孩子与革命工作对立起来？孩子有自己生存的权利，他不是私有财产，他属于国家、属于社会，你无权随便扼杀，而且你还不计后果地糟蹋自己的身体，太不负责任了。"

周恩来看到邓颖超低头无语、神色惭愧，才缓和了语气，爱怜地对妻子说："身体是革命的本钱，需要时，我们可以随时流血牺牲，但不需要时，决不能随意对待，你不想要孩子也该和我商量一下呀。"

丈夫的谅解使邓颖超振奋了精神。她以潮梅特派员的身份投入到妇女工作中，召开妇女大会，成立了国民党汕头市党部妇女委员会，并与周恩来一起参加了汕头市妇女联欢会。在会上，周恩来做了简单扼要的开场发言，邓颖超发表了讲演，内容紧紧围绕着"今后妇女运动和对汕头妇女界的希望"。她说："妇女运动是国民革命运动的一部分"，"如果没有最有力的妇女工农阶级，单靠几个知识界妇女的活动，是没有力量的。"她强调："要成立全国性的妇女运动组织。"

邓颖超的讲演既热情洋溢又有着深刻的革命道理，并且通俗、简洁、雄辩。她的主张得到与会妇女的赞成拥护。经过一段时间的筹备，汕头第一个妇女群众组织成立了，邓颖超被推选为第一届领导人。

在邓颖超的领导和努力下，汕头、潮安等地的妇女解放运动蓬勃开展起来，潮汕各地区都成立了妇女解放协会，几千人成了妇协会员，其中大半是工农阶级的妇女。邓颖超还召开大会，拟定了提交东江行政大会的保障妇女儿童权益的提案。她以非凡的魄力和正确的指导思想培养了一批妇女运动的骨干，被群众推崇为潮汕地区妇女运动的奠基人，也成为周恩来在东江执政期间有力的助手。如火如荼的革命形势令夫妇二人备感振奋，工作上的相互支持与依托使两人的感情更加深厚。

1926年3月17日，周恩来应蒋介石来电要求回到广州。刚刚到达广州三天，蒋介石一手策划制造的"中山舰事件"发生了。周恩来气愤至极，当面质问蒋介石，愤怒地掀翻了桌子。蒋介石此时背叛革命、破坏合作的嘴脸已暴露，他软禁了周恩来一天。随后，已暴露身份的黄埔军校的二百五十多名共产党员被迫撤出国民革命军第一军及黄埔军校，周恩来的军内职务被免除了。此后，周恩来集中精力主持中共广东区委军委的工作。此时两广已经统一，广东区委军委全力以赴地为即将开始的北伐战争做准备。周恩来时常约集国民革命军第一、二、三、四、六军中党组织负责人开会，听取汇报，部署工作，与广州国民政府军事顾问加伦将军一起制订北伐的具体军事计划，并为军中派遣优秀的共产党员干部。

这时，邓颖超也回到广州。她立即开展统一广东省妇女组织的工作，成立了广东省妇女联合会筹备会，组织女工游行，开展清薪运动，讨回女工被拖欠的工资，维护女工的权益。

北伐战争开始后，邓颖超带领各界妇女组织了欢送北伐军委员会，派出女子救护队跟随北伐军出征。

此时的周恩来已遵照中共中央的指派离开广州到了上海，担任中央军委委员和中央组织部秘书。

周恩来到上海后，便着手准备上海工人第三次武装起义。之前上海工人曾举行过的两次武装起义均失败，此次周恩来担任了武装起义的总指挥，他吸取了前两次的经验教训，做了周密细致的作战部署。周恩来以果敢、从容、机智的领导才能带领上海工人经过连续三十多个小时的战斗，使上海工人第三次武装起义取得辉煌的胜利，打败了五千名反动军警，依靠工人阶级自己的力量解放了上海，写下中国工人阶级武装起义史上最成功的范例。

正当上海工人阶级沉浸在胜利的喜悦之中的时候，国民党反动派已经在悄悄磨刀了。蒋介石亲自跑到上海要求上海总工会解除工人纠察队的武装，遭到拒绝后，他便召开秘密会议，决定清党反共。

4月12日，蒋介石发动了蓄谋已久的反革命政变。国民党右派突然对工人纠察队进行了疯狂的搜捕和血腥的屠杀。

由于当时中共领导人陈独秀坚持错误主张，不听周恩来等同志的多次告诫，致使中国共产党损失惨重。党组织被迫转入地下，周恩来转移到了吴淞附近一处工人住家的阁楼上。

白色恐怖笼罩着上海。周恩来紧急处理了事变后许多需要解决的事，包括营救被捕同志，隐藏枪支弹药并把武装斗争转入江浙一带，此时，他也分外担心远在广东的邓颖超，因为他知道妻子已经第二次怀孕了，而且上海出了事广州绝无例外，她的处境也十分危险。他立即给广东军委发了电报，要邓颖超迅速到上海会面。

就在上海"四一二"反革命政变前后，邓颖超住进了广州一家教会办的妇产医院。她马上要分娩了，母亲杨振德守护在她身边。

由于婴儿体重超标，邓颖超三天三夜也未能生出孩子，当时技术水平有限，不能开刀只能用产钳，使孩子的头颅受到损伤，生下来就夭折了，这是个男孩子。

邓颖超痛苦万分，因为她记住了丈夫的批评，特别想要一个他们的爱情结晶。一向坚强的她忍不住泪水湿透了衣衫。

邓颖超既为失去爱子而痛心，也为远在上海的丈夫而揪心。

她并不知道，就当她命悬一线在产房难产时，上海发生了"四一二"反革命政变，革命形势急转直下，昔日的盟友成了血腥的杀手，上海共产党员和工人纠察队员血流成河。

邓颖超在病房里听到马路上警车的声音便叫母亲杨振德去看看，她知道，一定是有情况发生了。

杨振德在楼下见到了前来医院送电报的同志，她将电报交给了女儿。

邓颖超看到丈夫发来的急电,知道情况十分危急。正在此时,化装成阔太太的陈铁军带着"女仆"沈卓清来到病房,她们是与邓颖超一起工作的共产党员。陈铁军告诉邓颖超,广州已经发生了反革命政变,要她立即动身去上海。

紧急时刻,医生王德馨伸出了援手,将邓颖超母女巧妙地藏了起来。邓颖超刚刚离开病房,反动军官就带着士兵前来搜查,王医生称邓姓产妇早已出院,又把德国籍的院长请出来挡驾,国民党军官搜不到人又惧怕外国人,只好撤走。

几天后,邓颖超收到张治中托陈赓悄悄转过来的路费,在王大夫的安排下,她打扮成女护士,坐上德国领事馆的小船离开广州,取道香港,再换轮船去了上海。

邓颖超母女到了上海,找到小旅馆住下就遵嘱到报馆给周恩来发了寻人启事。

周恩来看到《申报》上的寻人启事,前称"伍豪",后署名"岳母振德",知道是妻子已安全到达,长久悬着的一颗心才落下来。但看到启事上小旅馆的名字又吃了一惊,因为正是在邓颖超住的那家旅馆,刚刚有几个从外地来上海的共产党员被捕了。周恩来立即安排通讯员把邓颖超转入一家日本人开的医院住院,岳母杨振德也转移到了安全的地方。

邓颖超在医院里经过日本医生的检查,得知了一个不幸的消息:由于她产后过于疲劳,没有休息调养,子宫没有收缩好,今后可能不能再怀孕了。

半个月后,在一所隐蔽的房子里,历经艰险的夫妻终于团聚了。

邓颖超见到久别的丈夫,泪水夺眶而出,她告诉周恩来自己痛失爱子,因敌人追捕,虎口脱险,身体未能恢复,今后可能再也不能有孩子了。

周恩来心中很难过,许久说不出话来。他抚摸着妻子的肩膀,一双浓眉下的眼睛格外深邃,脸庞也更显削瘦,他安慰妻子说:"没有孩子就没有孩子吧。"

为了天下的孩子都过上好日子,周恩来和邓颖超在一起只团聚了几天,便辞别妻子赶去了武汉。

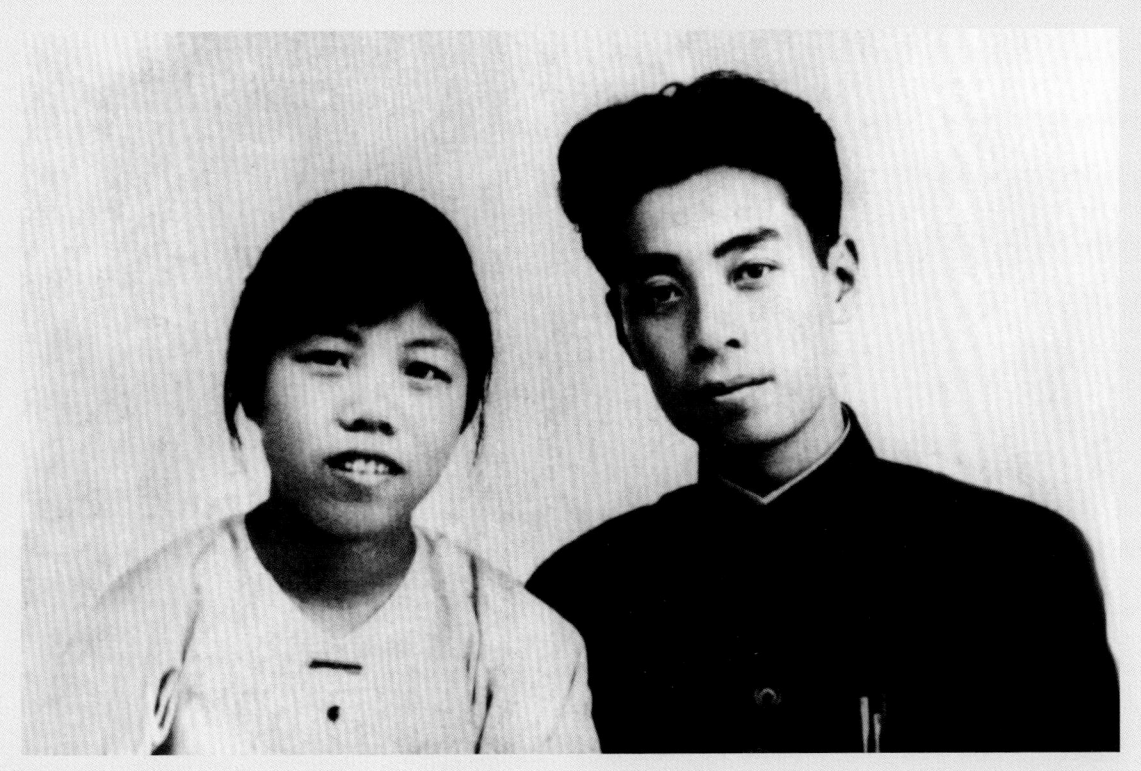

← 1925年8月,周恩来、邓颖超在广州结婚时的合影

↑ 1925年4月,周恩来(前排中坐者)和梅县商会欢迎东征军的代表合影

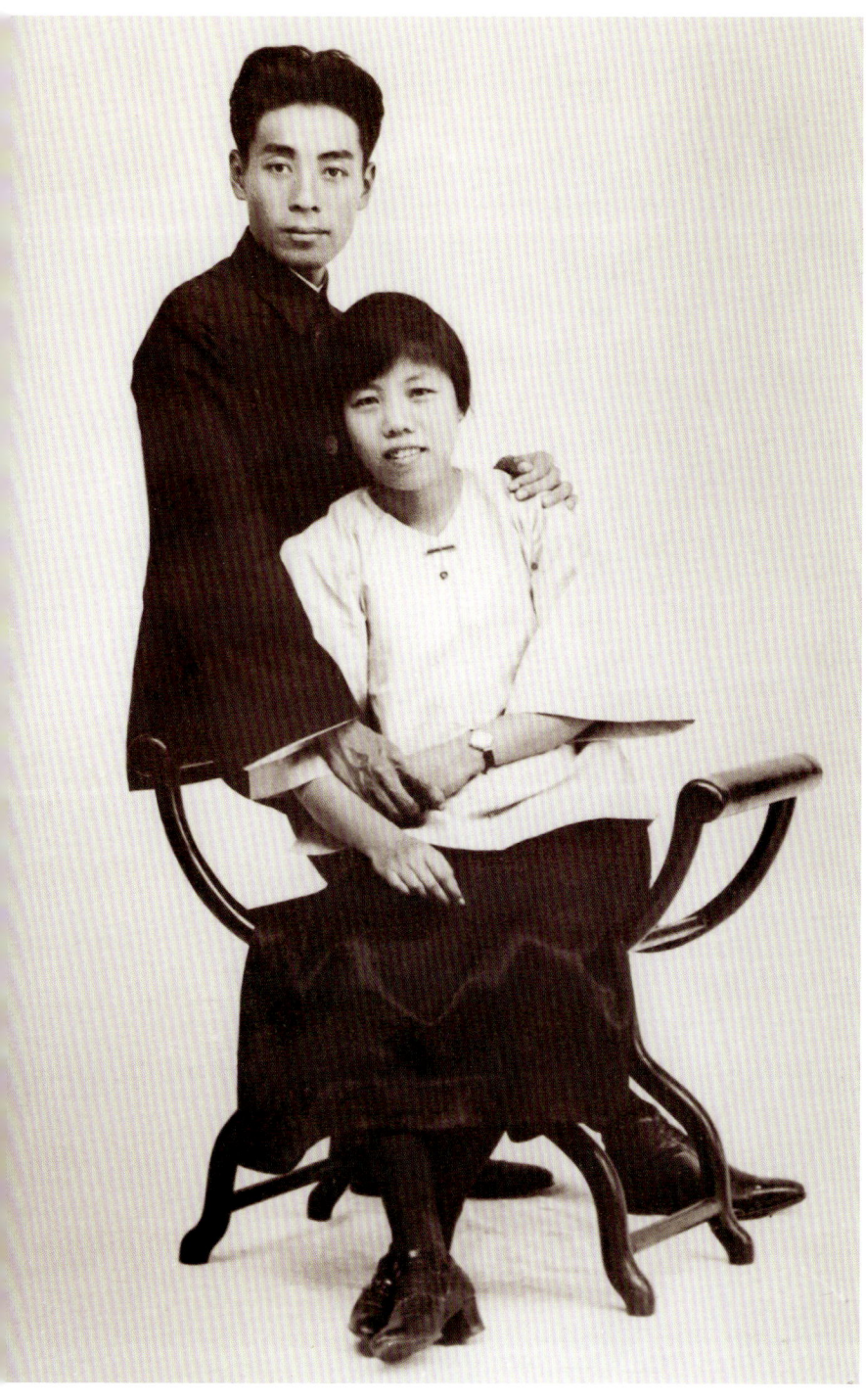

↖ 1925年8月8日，周恩来与邓颖超在广州结婚。这是他们的结婚照

↑ 担任黄埔军校政治部主任的周恩来

政治部周主任恩來講演詞

諸位官長同學！今天當這樓殼大典禮，我們知道有一個很大的意義。剛才有許多民倒對我們的訓誡，我們大家同學是不能忘記的。但是我們要知道：各地的青年學生來到國民革命中心地黃埔，是有很大的意思，就是要記得我們不僅是中國國民黨的黨員，並且還是一個革命的先鋒。

剛才諸位官長說，革命黨員守紀律，比在任何政黨中還要緊要，這是革命最重要的一個原素，假使沒有這個要素，一定不能把反革命的陳烱明、革命最重要的一個原素，假使沒有這個要素，一定不能把反革命的楊希閔劉震寰打倒。將來更不能把我們仇人一概打倒。在革命之下，守革命黨的紀律，並不強迫人的，是各同志甘心願意遵守的。每天的軍事訓練，軍事教育，一定不能說是不自由，這是甘心受的。

總理曾說：謀人類的自由，就要去掉個人的自由。這一點如果相信不澈底，一定不能革命。各位官長學生，趁此時間努力研究主義，在當的指揮之下，守嚴格的紀律，能如此做去，將來一定能夠得到很好成績。我們無論求什麼學問，如果只求一點觀念，都不能達到，我們總要在實隊上去做。我們這一年多的歷史光輝，從諸位的思想行動上，傳到全國革命青年的身上，我相信將來中國的革命，一定有成功的可能。到了那時，才能以機關槍大炮報沙基慘案的仇。因為中國人在現在這個時候還有許多不知道近代的潮流，這完全希望各位作無線電機，將革命的思想傳到全中國，使全國的民眾革命化。

再希望各位不要自高自大，要虛心求學，以達到學業成功，而實行革命。

軍隊中政治工作
一、軍隊之組織

周恩來

今天講這個軍隊中之政治工作的問題，第一部分，講軍隊之組織。關於軍隊呢，我們要知道軍隊的本身完全在兵士，因為有眾大的兵士群眾，總能夠成為一個軍隊。過兵士群眾能不能說為一個階級呢？我們先來解答這個問題。

我書超說過一句話：「中國有有槍階級與無槍階級」，這話說得對不對？如果兵士群眾不能成為一個階級，那末兵士群眾在階級中有點什麼作用？

我們要明白軍隊能否為一個階級，須處於了解階級的意義。我們要知道階級的意義，不是一群人生活相同就可以做為個階級。比如學生群眾在他們的生活中，可以找出很多相同之點，就說他們是一個階級。因此，我們說軍閥掌握中的軍隊，資本家帝國主義的軍隊，封建政府之下的軍隊，他們的生活都有相同的一點，就說他是階級的軍隊，這話說得對不對？這樣說我們連軍隊是階級的意義，不是這樣簡單！

要明白階級的意義，須看清楚生產的問題，階級的來源，生產的分化。在原始人數加多的時候，生活的方式很簡單，只用手與棍棒就可以得到野獸來飲他的血，吃他的肉，但聽每人都一樣，生產的方法很簡單的！

政治工作須知

↖ 周恩来在黄埔军校作的报告

↑ 1925 年 7 月 1 日，周恩来在黄埔军校第三期开学典礼上的讲演词

← 领导上海工人第三次武装起义时的周恩来

→ 1926 年 1 月 1 日至 19 日，中国国民党第二次全国代表大会在广州召开。这是会议代表合影，二排右十为邓颖超

第五章 CHAPTER 5

05

南昌起义第一枪
斗智斗勇赴"六大"

1927年，中共中央迁至武汉并召开了中国共产党第五次全国代表大会，周恩来虽因故未能出席大会，但仍被选为中央委员。随后在五届一中全会上被选为中央政治局委员，任中央秘书长。后代理中央常委职务，参加中共中央核心领导，并直接负责中央的军事工作。

身体仍十分虚弱的邓颖超随后也来到武汉，寄住在李富春和蔡畅夫妇的家中养病。

此时，武汉国民政府已经在许多地方疯狂地屠杀共产党人和革命群众，摆在中国共产党人面前的唯一选择就是坚决举行武装起义，但因共产国际代表的反对，周恩来制订的湖南暴动计划未能实行。7月份，汪精卫又召开了"分共会议"，拼命搜捕共产党员，武汉处于白色恐怖之中。

周恩来和邓颖超迅速地隐蔽了起来。

7月中旬，中共中央根据共产国际的指示进行改组，成立了临时中央常务委员会，常委会由张国焘、周恩来、李维汉、张太雷、李立三组成，主张武装反抗国民党屠杀政策的力量占据了主导地位。

7月下旬，一天晚上，周恩来匆匆告别邓颖超，他要马上动身去江西九江。邓颖超已经习惯了遵守党内保密制度，她看到丈夫表情严峻，知道丈夫是要去执行一项重大的任务，但是什么任务，她没有问，只是默默地与丈夫拥抱告别。她心里很清楚，在这种险恶的形势下，与丈夫的每一次分别都有可能是永别，但作为一个革命者，她与他都别无选择。

周恩来走后，邓颖超无暇顾及对丈夫安危的担忧，紧张地投入到了党中央机关由公开转入地下的许多具体工作中。

7月，邓颖超随迁回上海的党中央一起离开武汉。

8月初，在报上，邓颖超看到了关于南昌起义的报道，这才知道，周恩来到九江是去领导南昌暴动的。

南昌起义，是中国共产党人在大革命失败后极其严峻的时刻做出的正确决定，是在极端危险的情况下挽救中国革命的伟大壮举，是中国共产党人向国民党反动派打响的第一枪。

"八一"南昌起义使千百万民众在经历了严重的挫败后，在黑暗中看到了光明的希望，武装斗争的大旗打开了中国革命的新局面，中国共产党真正领导的人民军队诞生了。周恩来作为中共前敌委员会书记，领导南昌起义，成为光荣的人民军队的缔造者之一。

邓颖超只能从报纸上，从敌人的反面宣传中寻找丈夫的足迹。她看到南昌起义成功了，"匪军占领了南昌"；她看到南昌起义遭到了挫折，起义部队"退出南昌"，南下广东；她还看到了"共匪重要首领周恩来、叶挺仓皇逃窜"……这说明丈夫还是安全的。

南昌起义后，根据中共中央的决定，起义军准备南下，占领广东，取得海口。汕头是南下的重要目的地。周恩来带领起义军占领汕头后，曾打算先站稳脚跟，再图发展，但此时敌人的重兵也在潮汕附近集结了，敌众我寡，起义军不得不放弃，部队撤退。

周恩来这时染了重病，发了疟疾，但高烧四十度的他仍带病在流沙布置了做长期斗争的工作安排。

由于敌人进攻猛烈，战士们疲劳过度，队伍被打散。周恩来高烧不退，处于昏迷状态，只能用担架抬着撤退。后由当地地下党负责人杨石魂用船把周恩来、叶挺、聂荣臻等人送出海，到达香港。

此时，周恩来已经昏迷了三天三夜，被安排在油麻地养病。照顾他的是一位年轻姑娘，中山大学的学生范桂霞。范桂霞是陈铁军的同学，担任过妇女解放协会执行委员，与邓颖超相识，以前常到广东区委妇女部找邓颖超请教。

有了邓颖超的战友照顾，周恩来慢慢恢复了。他病中最关心邓颖超的去向，经询问知道她去了上海，便放心了。

11月，中共中央在上海召开临时政治局扩大会议，已经康复的周恩来离开香港动身去上海。

在这次会议上，领导南昌起义的周恩来和领导秋收起义的毛泽东等受到党内的错误处分。

周恩来虚怀若谷，仍以全部精力投入工作中。1928年1月，周恩来担负起领导中共中央日常工作的重任。

邓颖超和丈夫重逢之时就是夫妻俩并肩战斗之日。她全力以赴协助周恩来处理党内在新形势下保存队伍、组织新的战斗力量等秘密危险的地下工作。

他们逐一安置到上海寻找中央的同志，安排受伤的陈赓到医院疗伤，安排贺龙重回湘西搞武装斗争，并派周逸群等同志协助贺龙组成新的湘鄂边前委，安排郭沫若去日本，安排刘伯承到苏联学习。

在革命处于低潮时，党内情况时时有变，有人退党，有人叛变。周恩来和邓颖超常常搬家、换地方。每次邓颖超都化装成阔太太或者家庭主妇，亲自去找房子，她细致地考察周围的环境，既不能惹人注意，又要有前后门以便及时转移。为了确保周恩来和党的领导机关的安全，她学会了在极严格的保密环境下保护同志的许多方法。

当时，邓颖超担任了中共妇委书记。为了开展工作，在邓颖超的提议下，蔡畅、杨之华、李文宜、庄东晓等八位中央妇委委员按照上海市民结拜小姐妹的方式，分别以大姐、二姐至八妹称呼以隐去身份。每次在家里开会时都在桌上放上麻将牌，一旦有情况便可以应付。

周恩来很支持妻子的做法，他多次主张秘密工作要学会以另外的公开身份掩护自己。女同志可头梳发髻、身穿旗袍，而他自己则时而穿短衣，打扮成工人；时而穿长袍，打扮成商人；有时又穿西装，像个派头十足的绅士。

周恩来和邓颖超为了掩饰身份，外表常常打扮得很是入时光鲜，实际上生活非常艰辛。党的经费奇缺，每月他们两人的生活费加起来只有二十元，吃、穿、房租、水电之外，还要有符合自己身份的请客送礼，因此每日用度他们都是省了又省，邓母杨振德便常常给人看病补贴家用。

工作的繁忙劳累和生活的艰辛，周恩来和邓颖超并不放在心上。周恩来最痛心的是中央的方针政策始终不能走上正确轨道，盲动主义使广州起义又遭失败，张太雷和许多优秀的共产党员牺牲了。而革命的接连失败使一些意志薄弱者背叛了革命。江苏省委组织部长陈乔年，中国妇女部第一任部长向警予，中共北京市委书记、周恩来的觉悟社战友马骏，工人领袖郭亮，以及中共湖北省委委员、写下了著名的就义诗篇的夏明翰先后因叛徒的出卖被捕而壮烈牺牲。最让周恩来感到愤慨的是，罗亦农被捕了，而出卖他的是何家兴及其妻。这一对叛徒夫妇，竟是因为不愿去艰苦的苏区生活，贪图生活享受，为了十万元钱和两张出国护照，出卖了罗亦农。

痛定思痛，周恩来决定"以其人之道，还治其人之身"，确保中央和同志的安全。他亲自策划建立起中共自己的情报系统，选派了自己身边经过考验的忠诚且智慧、勇敢的陈赓担任中央特科情报科科长，派共产党员李克农、胡底打入国民党特务机关。在协助国民党特务机构头目徐恩曾建立秘密的指挥机关和各地特务组织的过程中，建立了打入敌人情报网的中共南京、天津情报网。这些同志为我党侦察出大量敌情，为诛灭叛徒、营救同志、保护中央机关立下了汗马功劳。

周恩来的这些安排，使我方在隐蔽战线的斗争中占据了主动。知己知彼方能百战百胜。我党自身安全得到了保障，而且我党情报系统的建立对中央苏区战胜敌人的三次反"围剿"也起到了重大作用，使敌后斗争有力地配合了武装斗争。

1928年6月，中国共产党决定召开第六次全国代表大会。因国内环境险恶，共产国际协助中共在苏联莫斯科召开"六大"。

周恩来与邓颖超分别作为代表和列席代表将赴苏联参加"六大"。

1928年5月初，装扮成古董商的周恩来和邓颖超动身赴莫斯科。为了掩护身份，他们准备好了西装和讲究的旗袍。这时，陈赓匆匆来报，敌人已掌握了他们的住处，他们随时有危险。

周恩来、邓颖超立即销毁所有的文件，离开住所。幸好前一天，邓颖超已将母亲杨振德安排在夏之栩的母亲夏娘娘处。走得匆忙，他们准备好的衣服都没有来得及换上，周恩来穿着一身长袍，邓颖超穿着平时穿的半旧的旗袍，提了一只小手提箱，就登上了北上大连的日本轮船。

轮船刚刚停靠在大连码头，几个日本水上警察厅的警察就拦住了周恩来和邓颖超，不客气地盘问："你们是干什么的？"

周恩来沉着地说："做古玩生意的。"

"做生意的，为什么买那么多报纸？"警察的态度很凶。

邓颖超机智地说："我先生也做股票呀，要看报纸上的股票行情嘛。"

日本警察见两人对答如流，一时语塞。

"你们到哪里去？"警察又盘问。

"去吉林。"周恩来随意地答道。

几个日本警察不由分说要带走周恩来，"跟我们走一趟吧"。

邓颖超有些紧张，站起身："我也去。"

周恩来瞪了妻子一眼，"你去干什么？"他转而对警察摆出一副颐指气使的阔商人派头，吩咐道："请你们帮我太太订个大连最好的旅馆先住下，我太太讲究卫生。"

这一下，情势急转直下，这个居高临下的指使竟让那些刚才还气焰嚣张的警察马上低头哈腰。警察从周恩来的气势判断此人一定有来头，亲自租汽车将"太太"送到了日本旅馆，而邓颖超则配合丈夫，做出一副阔太太受委屈的样子。

在水上警察厅里，周恩来巧妙的回答和雍容的气度让日本警察一无所获。

日本警察将手中的卡片与眼前的商人对比，那卡片上印着黄埔军校一身戎装、青年英俊的周恩来，而眼前这商人，一脸胡须，派头十足，西装笔挺，便只好挥挥手，"那就不打扰你了，你太太还在旅馆等着你呢。"

周恩来泰然一笑，从皮夹内取出些钱，吩咐道："有劳你们代买两张下午去长春的火车票，请你们送到旅馆。"

警察又一次被"犯人"的气度慑服，不由自主地点头称是，接过钱向"有地位的人"道歉。

周恩来安全地回到旅馆，邓颖超一颗悬着的心才松弛下来。周恩来给了妻子一个眼色，邓颖超心领神会，大声说："怎么这么长时间，快洗个澡吧。"她知道敌人还在监视着他们。

周恩来也大声说："我真累了，想马上洗澡，去卫生间放水吧。"然后低声告诉邓颖超："立即销毁接头信件。"

邓颖超悄悄地把信件拿到卫生间撕碎，放到抽水马桶里冲掉了。

回到房间里，周恩来告知邓颖超在警察厅与日本警察"心理战"的经过，邓颖超为丈夫的沉着机敏所折服。

他们拿着日本警察代买的火车票上了火车，在软席车厢刚一落座，就发现对面已坐着一个人，虽然说的是中国话但带着日本口音，周恩来断定这是一名密探，便天南海北地与他聊起天来。周恩来仍旧以古玩商人的身份与其大谈中国古玩，他近乎专业的古玩知识使日本侦探找不到破绽。到长春火车站时，日本人忽然提出要交换名片，周恩来当时匆忙没来得及印制假名片，反应机敏的他便做出一副找名片的样子说："哎呀，我的名片放在箱子里了，真对不起。"日本人无奈，只好与他们礼貌性地告别。

这一路的斗智斗勇使周恩来和邓颖超摆脱了日本特务的纠缠，脱离危险后安全地踏上了开往苏联的列车。

6月18日，中国共产党第六次全国代表大会在莫斯科近郊一所幽静的庄园——布若耶召开了。

此次会议主题是要总结大革命失败的教训，特别是"八七"会议以来的党的工作，并制定党在下一时期的路线、方针和政策。

周恩来担任主席团成员和大会秘书长，他在会上做了长篇发言，阐述了对中国革命性质的观点。他说，"中国革命在现阶段的性质仍然是资产阶级民主革命"，并在会上做了组织问题和军事问题的报告，明确地提出组织工作的中心点是"争取群众"，认为"必须在组织上巩固自己的政治影响，建立和发展工农革命的组织，并发展党的组织，使党真能成为群众的斗争的革命党"。

在军事报告中，周恩来专门谈了建立红军的原则，红军要帮助苏维埃政权的发展，"红军一定要与工农群众打成一片"，否则就"失去了红军的阶级基础"。另外他还提出红军的军官"一定要无产阶级化"，"红军一定要有政治工作"。这些观点对指导军队建设有重要意义。

邓颖超在大会上做了关于对当前形势和任务的分析的发言。邓颖超言语流利，逻辑性强，观点清晰，分析透彻，整个发言既有严肃的理论性又有感染力和鼓动性，赢得了与会代表的一致好评。

党的六大一共召开了二十多天。周恩来的大会组织工作很忙，全部日常会议要他主持，大会成立十个委员会，他参加了七个，还兼任组织委员会和军事委员会的召集人。他工作细致周到，有条不紊，精力充沛，处事果断，给与会同志留下了深刻的印象。

邓颖超作为列席代表，除了在大会上发表自己的意见外，还积极参与其他工作，她安慰失去丈夫罗亦农的李文宜同志；她参加为大会助兴的文艺节目演出，在演出中演唱了自己的拿手好戏——京剧《武家坡》《大登殿》选段，她洪亮的嗓音，纯正的京韵京腔，缓解了同志们的疲劳和紧张。

在中共六届一中全会上，周恩来当选为中共中央政治局委员和常务委员会委员。在常委会分工上，周恩来任中央政治局常委秘书长和中央组织部部长。其间，在共产国际第六次代表大会上，周恩来还当选为共产国际中央执行委员会候补委员。

受共产国际影响，"六大"有着偏重产业工人成分的倾向，新当选的三十六名中央委员中工人占百分之六十，女工张金保被指定为中央妇委书记，邓颖超毫无怨言地离开了妇委书记的岗位。

↖ 大革命时期的周恩来

↑ 南昌起义指挥部——江西大旅社外景

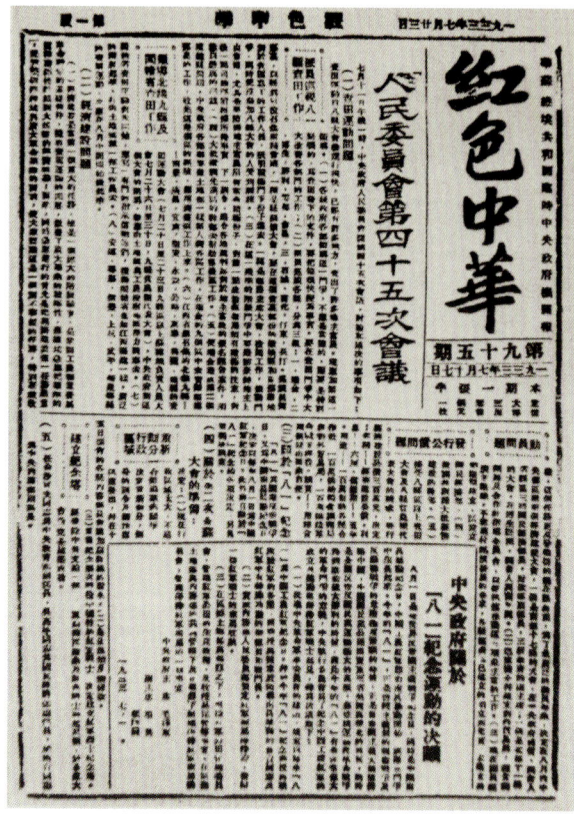
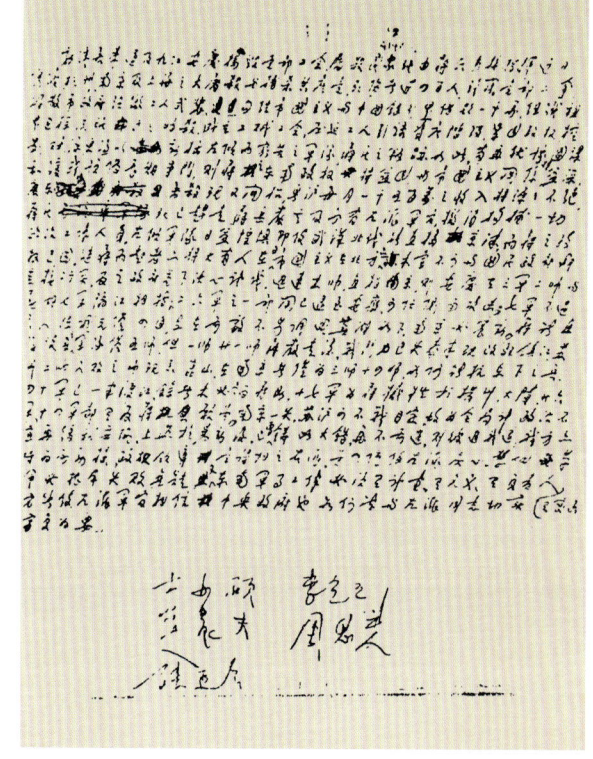

↑ 南昌起义时江西大旅社内周恩来的办公室

↗ 1933年7月11日，中华苏维埃共和国中央政府人民委员会第四十五次会议决定，以8月1日为中国工农红军纪念日。从此，"八一"就成为中国人民军队的建军节。这是刊载这一决议的《红色中华》报

→ 1927年4月中旬，周恩来同赵世炎、罗亦农、尹宽、陈延年、李立三等联合署名致信中共中央，建议"迅速出师讨伐蒋介石"。这是周恩来的手稿

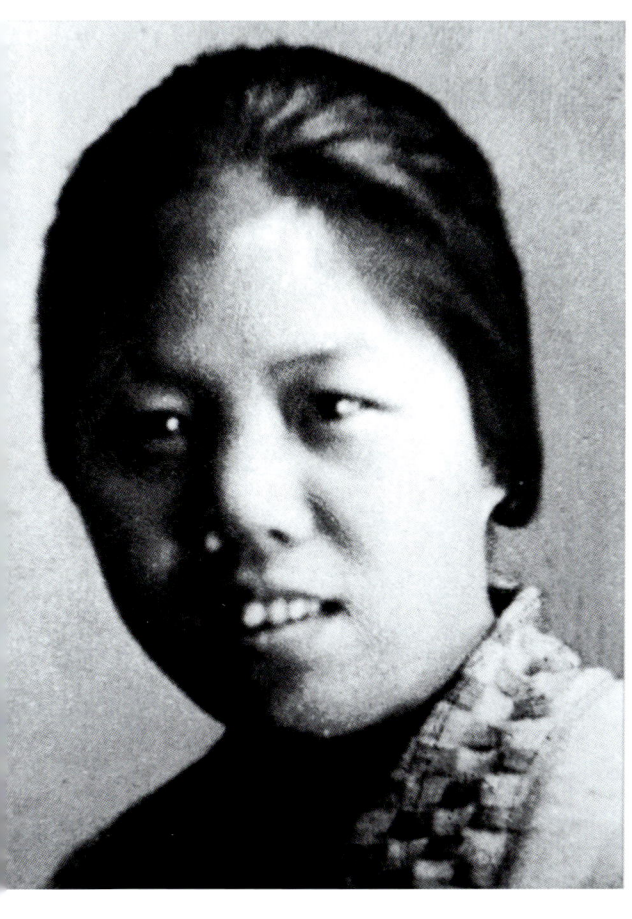

↑ 邓颖超 1928 年留影

↗ 邓颖超撰写的《记一次遇险与脱险的经历》一文手稿

→ 1928 年邓颖超列席中共"六大"的列席证

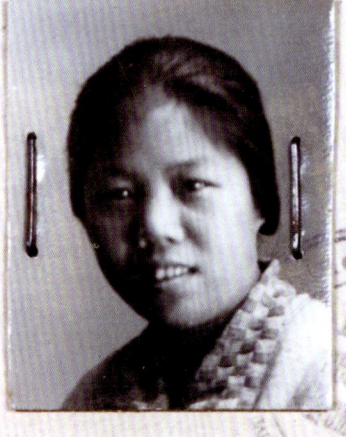

第六章　CHAPTER 6

06

敌人心脏插尖刀
地下斗争显神威

1928年11月，周恩来回到上海，作为中央政治局常委兼组织部长，参加中共中央的领导工作，当时的政治局主席向忠发，思想水平和领导能力均有限，因此，在中共六大后相当长一段时间里，周恩来成为中共中央的实际负责人。

当时上海处于严重的白色恐怖的笼罩之中，革命正处于两个高潮之间的低谷。

在这种形势下，为推动革命高潮早日到来，争取更多的革命力量，周恩来提出了"夺取群众"这个切合实际的正确方针。为此，他强调中央机关的秘密化、职业化和社会化等六个原则；在组织上增设了中央秘密工作委员会，亲任主席。此时，邓颖超已改任中央妇委会委员，并先后担任中共中央直属机关支部干事会书记、中央组织部干事、中央直属支部总书记等职务。她伪装成各种身份，成为周恩来秘密工作的得力助手。

周恩来是众所周知的共产党领导人，敌人长期以来千方百计地追捕他，国共合作时期许多国民党都对他非常熟悉，因此，他的处境异常险恶。但周恩来以他的聪慧、果敢、理智和处变不惊、足智多谋、丰富的地下工作经验，从容地应对着险恶的局面。他经常改变姓名，不断地变换住址，每次改换都没有规律。他对上海市的地形地貌研究了解得很细，每次外出工作都尽量走小弄堂，穿插迂回，后来又留起大胡子，化装成各种身份，因此敌人虽然拼命搜索，但始终对他的行踪无法掌握。

周恩来经常去的地方是"福兴字号"。这是共产党员熊瑾玎以经营纱布的商人身份开的商号，地点设在上海最繁华的天蟾舞台旁边。这个地点便成为党中央的秘密机关。

熊瑾玎为了掩护身份，与女共产党员朱端绶扮成假夫妻，日久生情，经中央正式批准结了婚。邓颖超对熊瑾玎夫妇常进行保密教育，周恩来也每天叮嘱他们须格外谨慎，因此这处机关用了很长时间始终平安无事。

为了配合周恩来制定的保密原则，邓颖超在秘密刊物《党的生活》发表了《怎样在新的革命浪潮中保护党》和《秘密工作的几个教训》等文章，指出"秘密工作是保护党的一个主要条件""要建立在日常生活中，终年如一日耐心地经常地去建立，一丝不苟、一事不苟、一时不懈地去建立，养成日常生活习惯，绝不容有丝毫的浪漫，丝毫的疏忽"，并且强调：要有机警的性格，镇静的态度，遇事能应付，遇事不慌张的优良品质；即使被捕后在敌人的酷刑拷打和利诱威胁下，也绝不能出卖党的机密、出卖同志。

邓颖超的这些具体思想其实就是她与周恩来从事秘密工作的经验总结。她随周恩来一起变换姓名和住址，周恩来曾化名少山、伍豪、冠生，她曾化名五妹、五美、逸豪。知道他们行踪的只有陈赓和顾顺章等特科的两三个人。

为了把党的情报系统更加完善地建立起来，周恩来派党内一批同志去苏联和国民党无线电学校学习报务技术及无线电设备的设计、维修、组装，并制成无线电收发报机，在上海建立了第一个秘密无线电台，之后又在香港建立了第二个秘密电台。1930年初，沪港开始了党内秘密通讯联络。

1931年，周恩来亲自编出中共机要史上第一套密码，取名"豪密"。邓颖超和任弼时的妻子陈琮英成为第一批译电员。

任弼时不久便赴苏区，周恩来将"豪密"交给他带到江西，后又派一批报务员到苏区建立了中央苏区的无线电联络站，到当年9月份，红色电波开始在上海和江西之间传播。

开通的当天深夜，周恩来、邓颖超夫妇守候在上海的无线电台旁，兴奋地期待着这激动人心的一刻。午夜十二点时，他们收到了来自江西苏区的第一份电报："弼时安全到达。"

周恩来夫妇一起译出了这份由任弼时亲自编译的电文，他们一年的辛苦努力终于有了成果。今后许多重要信息、文件精神和情报就可以通过电波快速传达了，这会避免许多情报的泄露和交通人员的间接伤亡，今后还将发挥极其重要的作用。

1930年6月，主持中央工作的李立三在"左"倾冒险主义错误指导下，制订了以武汉为中心的全国城市武装起义和集中红军攻打中心城市的计划。同年9月，周恩来与瞿秋白召开中共扩大的六届三中全会及时纠正了李的错误。随后，临时中央政治局会议决定，成立以周恩来为书记的苏区中央局，并根据周恩来的提议，组成由毛泽东、朱德、任弼时、彭德怀、贺龙等参加的苏区军委，指导全国的革命根据地和红军的工作，邓颖超列席了此次重要的全会。

但是，从苏联回国的王明等人以反"立三路线"为名与掌握全国总工会的罗章龙等人一起掀起了一股要求改组党中央的逆流。在共产国际的干预下，中共在上海召开了扩大的六届四中全会，中央实际上被以王明为代表的"左"倾教条主义所统治，自此之后几年时间，中国革命遭到了无法估量的巨大损失。

这时，在上海的中共中央领导机关的工作环境更加恶劣和危险。1931年4月，中共中央政治局候补委员、参与中央特科工作、长期负责中央保卫工作的顾顺章在武汉被捕叛变，使中共中央机关处在极度危险之中。

由于顾顺章的工作范畴，使这个工人出身的叛徒掌握了许多党的核心机密，包括中央领导人的秘密住址、我党地下工作的秘密方法和联络方式。顾顺章为了讨好国民党当局，竟建议以突然袭击的方式，用三天时间将中共中央在上海的主要领导人全部抓捕。

危急关头，被周恩来派出打入国民党中组部调查科、给中统特务头子徐恩曾当秘书的地下党员钱壮飞获悉了这一情报，他连夜派女婿刘杞夫赶去上海报告周恩来和李克农。

深夜，周恩来知道这一严重情况后，处变不惊，立即采取果断措施，安排聂荣臻、李克农、陈赓等同志马上销毁大量的机密文件，迅速通知一切可以转移的同志转移，废止原有的工作联系方式方法。

这是一场与敌人和时间赛跑的斗争。当夜，中共中央和在上海的江苏省委、远东局等中共机关全都搬了家。周恩来和聂荣臻、陈赓、李克农、陈云、李强等三天三夜的紧张安排，使在顾顺章指引下的国民党特务前来搜捕时，扑了空。

邓颖超更是以她过人的机敏和沉着对顾顺章的妻儿做了安排。当时顾顺章的妻子带着两个孩子就住在邓颖超家里，当邓颖超知道顾顺章叛变的消息后不露声色地对顾的妻子说："嫂子，有情况，我们换个住处吧。"

顾的妻子多年与顾生活在一起，知道地下工作"发生情况"就是有危险，便听话地同邓颖超住进一家外国人开的旅馆。事变后，当她知道顾顺章已叛变便与其丈夫站到同一立场，对中共中央造成了威胁，而且她身上还带有顾顺章写给蒋介石的自首书，可见顾顺章早有异心。中央有关部门断然对她采取了措施。

虽然许多重要领导人在周恩来的紧急安排下转移了，但由于顾顺章的出卖，仍有恽代英、蔡和森等杰出的共产党人被捕牺牲了，形势非常险恶。

这时党中央决定将在"六大"时被选为中央政治局主席的向忠发转移到中央苏区去，以躲避顾顺章的追捕。周恩来具体负责他的转移，但向忠发思想已经腐化了，他不仅在平时不怎么干工作，而且花起党的经费来大手大脚，还有一个情人杨秀贞。

周恩来安排好护送向忠发的人员和路线，要求他立即出发，但向忠发却无耻地提出要与杨秀贞见一面。周恩来坚决反对，他严厉地说："杨秀贞已经被敌人监视了，绝对不能去。"因为顾顺章熟悉杨秀贞的女佣，虽然此时杨秀贞已搬到一个新住址，但任弼时的妻子陈琮英与她同住一栋楼内，那女佣跟踪杨秀贞的事情已被我党同志发现。

向忠发却执意要去，说："这一次有可能见不到了。一定要告个别。"

邓颖超气愤地说："我和恩来不知分离过多少次，他从来说走就走。你这样一位党的最高领导人，怎么这样不服从组织安排，只考虑私人感情？"

向忠发被邓颖超批评得语塞了。

向忠发在周恩来的住处住了下来，随时准备出发。其间他趁周恩来、邓颖超有事外出，偷偷跑去与杨秀贞私会，彻夜不归，第二天清晨便被特务抓获了。

向忠发被捕后立即叛变，供出中央秘书处机关地址，使在那里工作的共产党员被捕了。

周恩来和邓颖超立即安排有关同志转移，销毁了所有文件。邓颖超劝母亲和夏明翰的母亲夏娘娘与她一起走，老人说："我们是家属，还是你们先走吧，有什么情况我们通知你。"

叛变并不能使向忠发苟活，蒋介石下令枪决了这个可悲可憎的叛徒。国民党悬赏二十万元大洋通缉周恩来。中央决定让他转移去中央苏区。临行前，周恩来、邓颖超与聂荣臻夫妇在紧张忙碌危险的工作之余小聚了一下。两对夫妇一起包了饺子。虽然在敌占区工作，日夜处在危险之中，虽然叛徒的出卖令他们无比痛恨、难过，但战友的情谊和对未来战斗生活的渴望使他们仍旧感到很温暖、很愉快。

出发当晚，周恩来打扮成工人模样，告别妻子和岳母，离开了上海。

周恩来和邓颖超在上海近五年的地下斗争生活中险象环生，危机四伏，但他们以自己的勇敢机智躲避了敌人一次又一次的抓捕，粉碎了国民党利用叛徒消灭中央机关的阴谋，建立了中央特科一整套情报系统和红色秘密电台，为党的地下工作创建了一整套切实可行而又有效的工作方式与方法，其功勋，至大至伟。

↑ 1927年11月至1931年，周恩来等在上海中共中央工作，领导全国的革命斗争。图为当时的上海

↗ 中共上海地下组织接头用的部分暗语条

→ 中共顺直省委以伪装封面印发的《中央关于建立秘密工作的通告》

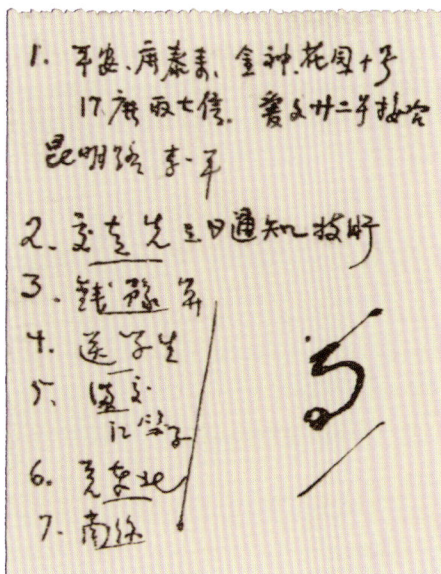
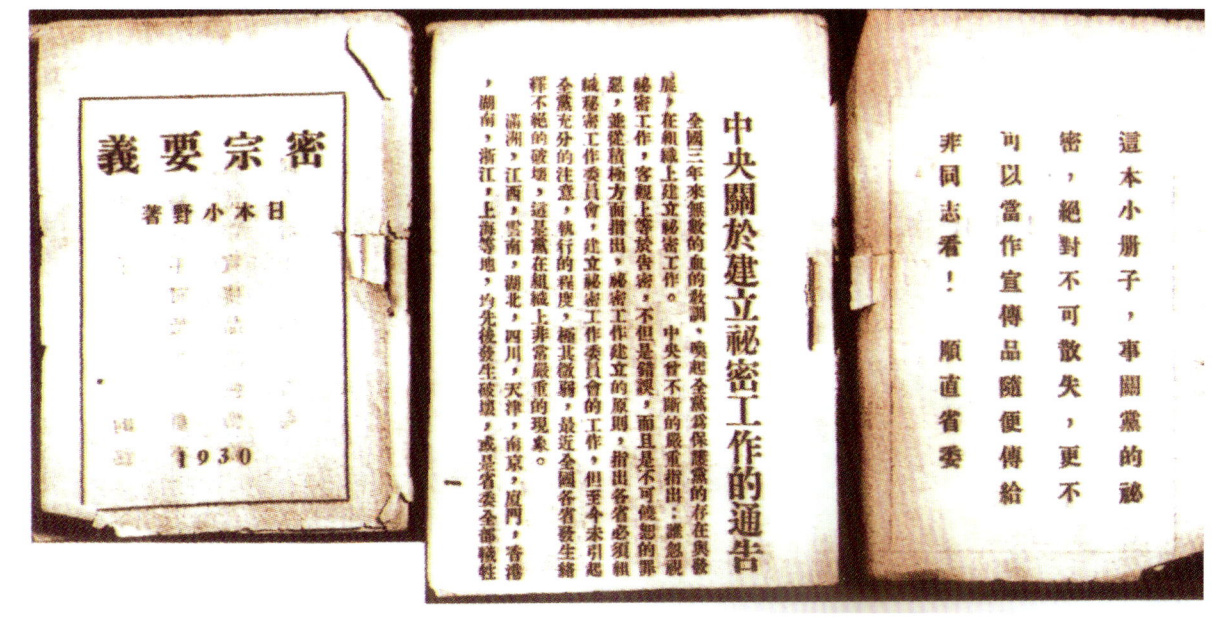

← 中共中央军委所在地（辣斐德路辣斐坊，今复兴中路 553 弄）

↑ 中共中央特科下属中央电台训练班所在地（上海巨籁达路四成里 12 号，今巨鹿路 391 弄 12 号）

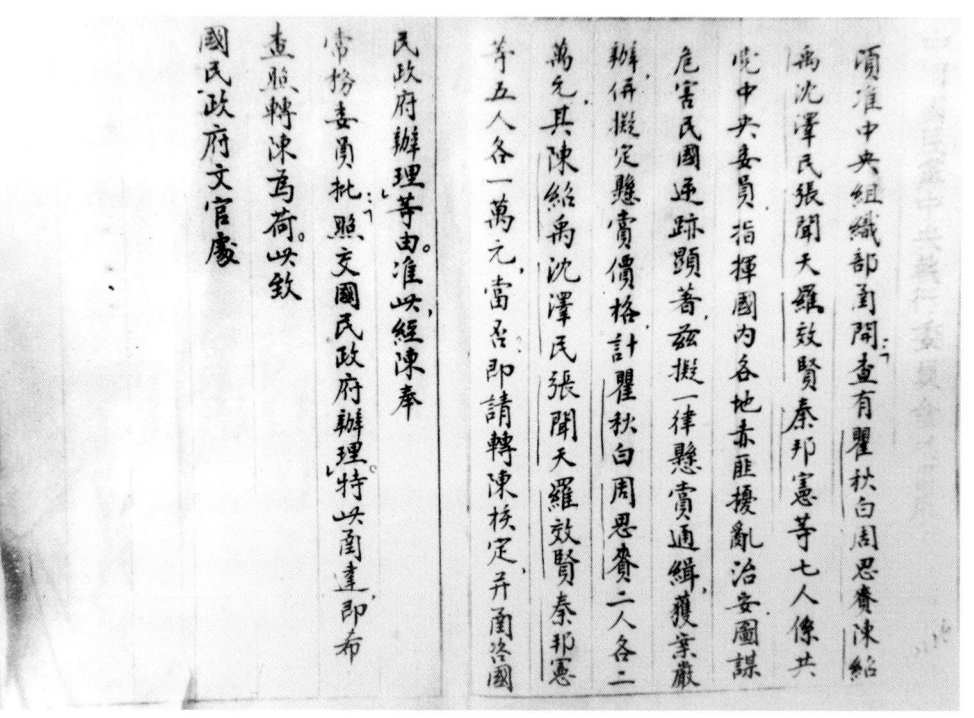

↑ 周恩来在瞿秋白起草的《文件处置办法》上批注："试办下，看可否便当。"

↓ 国民党中央执行委员会给国民政府的公函：悬赏通缉瞿秋白、周恩来、张闻天等中共领导人

第七章　CHAPTER 7

07

苏区艰苦诗红叶
风雪长征路途险

周恩来乘坐小火轮，沿着海岸线颠簸了几天先到达汕头，然后越过国民党的封锁线，换乘大轮船再换小木船，几经周折到达大埔我党的交通站。从大埔又由六名交通员护送通过敌占区，在夜间摸黑行动，翻山越岭，攀藤附葛，几番辛苦终于到达了苏区——中央革命根据地，与先期到达的任弼时等会面并见到了井冈山会师后就在这里的毛泽东、朱德。

周恩来在中共苏区中央局书记的岗位上就任了。

中央苏区是以毛泽东、朱德开辟的赣南根据地为基础发展起来的。

周恩来就任时，中央革命根据地形势一片大好。红军粉碎了敌人的第三次"围剿"，挫败了敌人消灭苏区的企图，而且国民党第二十六军的起义，使中央红军又增加了重要的军事力量。在革命根据地内开展的土地革命使农民群众热烈拥护苏维埃政权。主力红军编成红一方面军，下属三个军团。地方民兵也建立起来。中华苏维埃共和国临时中央政府选举毛泽东担任主席。在成立大会上通过了周恩来在上海亲自起草的中华苏维埃共和国的《宪法大纲》。

周恩来到达苏区四个月后，在党中央交通局的安排下，邓颖超打扮成家庭妇女的模样，头梳圆发髻，身穿宝蓝色夹袄，与项英的妹妹、妹夫乘船离开上海到达汕头，由闽西交通站站长李沛群亲自带领十名红军战士组成的"手枪队"化装成农民，护送奔赴苏区。

一路上炮楼碉堡林立，设防关卡重重，邓颖超一行只能夜间走山路，他们的双脚磨出了血泡，浑身被汗水浸透，终于到达了目的地。

周恩来居住在中共中央局所在地叶坪村，这也是中华苏维埃共和国临时中央政府所在地。邓颖超的平安到来，了却了周恩来的牵挂。夫妇见面没有诉说思念，没有倾诉路途艰辛。邓颖超第一件事就是汇报周恩来走后，上海临时中央反击国民党特务制造的污蔑周恩来的"伍豪启事"的事件。

原来，周恩来离开上海后，国民党特务悬赏搜捕周恩来未得逞，就制造了一起卑鄙的阴谋。国民党中央党部调查科伪造了所谓的《伍豪等二百四十三人脱离共党启事》送交上海的《时报》《新闻报》《时事新报》《申报》等报纸刊出，企图以这样的毒计陷害周恩来，造成中共广大党员和工人阶级思想混乱，组织涣散。

中共上海临时中央当即采取措施，一方面印发了大量反击反动派的传单，题为《反对国民党的无耻造谣》；另一方面通过常年担任《申报》法律顾问的法国律师巴和在《申报》上刊出《巴和律师代表周少山紧要启事》，称："兹据周少山君来所声称：渠撰投文稿曾用别名伍豪二字，近日报载伍豪等二百四十三人脱离共党启事一则，辱劳国内外亲戚友好函电存问。惟渠伍豪之名除撰述文字外绝未用作对外活动，是该伍豪君定系另有其人。所谓二百四十三人同时脱离共产之事，实与渠无关。"

周少山是周恩来在党内的别名，这样一来党内同志便知道了事情的真相。

后来，任苏维埃政府主席的毛泽东专门为此发表布告郑重宣布："这显然是屠杀工农兵士而出卖中国于帝国主义的国民党党徒的造谣污蔑。"

在中央苏区的生活是艰苦的。由于敌人对苏区进行物资封锁，连生活必需的粮食、油、盐都很紧张。中央就号召红军用一种野菜种子"梢子"代替一部分粮食。做法是把"梢子"掺入红米中一起蒸熟了吃，叫做"梢子饭"。这种饭又干又硬，很难下咽。周恩来、邓颖超与战士们同甘共苦，与红军战士一样吃"梢子饭"，每顿饭只有缺油没盐的青菜下饭。盐是按定量发的，他们舍不得吃，只是化点盐水用筷子沾沾盐味。一次周恩来请下霄区军事部长杨衍秋吃饭，也只有"梢子饭"、炒青菜，为了款待客人，邓颖超把半碗盐水让给老杨吃。老杨见周恩来生活如此艰苦，哽咽了。

周恩来笑着说:"没有菜,饭也要吃,有盐同咸,无盐同淡。今天无盐同淡,等消灭了反动派,我们再有盐同咸吧。"

邓颖超和老杨都被周恩来风趣的话逗笑了。周恩来和邓颖超以革命乐观主义的精神对待艰苦的苏区生活。有时候邓颖超想法买了鸡蛋和面粉也舍不得自己吃,转而送给生病的瞿秋白。

当邓颖超把自己用鸡蛋和面粉做成的饼,和在上海中央妇委一起工作的"八妹"庄东晓走了几里路送到瞿秋白手中时,瞿秋白和妻子杨之华都非常感动,因为他们知道,邓颖超到苏区后身体也十分虚弱,还经常咳嗽。这几张饼凝结着周恩来和邓颖超多么浓厚的战友情谊。

1932年夏,蒋介石调集几十万军队向中央苏区发动了第四次"围剿"。周恩来在前方紧张地指挥战斗,邓颖超则在后方组织支援前线的工作,担任苏区中央局组织干事,后任中共中央政治局秘书等职。

前方在激烈地进行反"围剿"的战斗,后方的工作也十分紧张,邓颖超常常工作到深夜。一天夜里,她翻开书本看到自己刚到瑞金时夹在书中的红叶。鲜红的红叶使她想起前方战士在流血,想起如火一样紧张的战斗和正在前线指挥战斗的丈夫,不禁提笔写下了激情四射的诗句:

这片鲜红的叶儿,
象征着正在燃烧的战争动员的热情,
象征着前线剧烈的战火,
象征着革命儿女相思的情意,
象征着革命与爱的交互紧张循环的血流呦!
鲜红的旗——中国工农解放唯一的战旗。
鲜红紧张的血流——战争迅速胜利的源泉。
流呀!鲜红的血,赤化全中国!
战呀!英勇的红色战士!
粉碎敌人的大举进攻!
争取战争的全部胜利!
看哪,
开着革命胜利与爱的灿烂之花,
结出革命胜利与爱的巩固的果!

邓颖超以热烈的爱与浓烈的革命激情盼望着胜利的到来和爱人的归来。如她所愿,1933年3月,周恩来、朱德根据毛泽东的战略思想指挥工农红军取得了黄陂、草台岗两个决定性战役的胜利,歼灭国民党军队近三万人,缴获大批武器弹药,中央红军扩大到十万人,闽浙赣根据地和中央苏区连成了一片,第四次反"围剿"取得了巨大的胜利。

但事态的发展并不全能如人所愿。

第四次反"围剿"前,苏区中央局全体会议在宁都召开,史称宁都会议,以博古为首的临时中央推行"左"倾路线,迫使毛泽东离开了军队的领导岗位。周恩来反对他们的做法,被冠以"调和主义"的大帽子,但第四次反"围剿"领导权仍在赞同毛泽东军事思想的周恩来、朱德手中,这才取得了胜利。

第四次反"围剿"的胜利并没有使中央某些人认识到自己的错误,相反博古等人一意孤行,竟然把红军的指挥大权交给了共产国际派来的军事顾问李德。李德专横霸道,不了解中国国情,下车伊始乱指挥,只会按教科书上的条条框框和第一次世界大战大规模阵地战的做法办事,最终造成第五次反"围剿"的失败,中央红军不得不撤离中央苏区。

1934年10月,中国工农红军决定实行战略转移,开始了中国历史上也是人类历史上罕见的、举世闻名的二万五千里长征。

这时,邓颖超的身体非常虚弱,患了肺结核,在母亲杨振德的精心调治下,病情好转,但由于中央红军医院条件有限,她的病情时好时坏,有时发高烧,有时吐血。当她得知中共中央已决定由项英和陈毅等同志带领一万多人在苏区坚持斗争时,便对周恩来说:"恩来,我身体这个样子随军行动,会给部队组织造成很大的麻烦,不如我留在江西根据地吧。"

周恩来不同意她的说法:"你随军转移是组织决定的,个人不能改变,小超,服从组织决定吧。"邓颖超虽然怕给组织上带来麻烦,但既然组织决定她走,她也决心克服自己的病痛,尽量不给部队添麻烦,便随大部队出发了。

红一方面军参加长征的女干部只有三十几位,包括蔡畅、康克清、邓颖超、贺子珍、廖似光等。蔡畅、康克清身体较好,随大部队一起行动,而病中的邓颖超、怀孕的贺子珍、廖似光都被编在干部休养连里。董必武是休养连的党总支书记,邓颖超是支部委员,徐特立、谢觉哉等几个年过半百的老同志也在休养连里。

队伍出发后,地上有几十万国民党军队围追堵截,天上不断地有飞机狂轰滥炸。在高山峻岭中,山路崎岖、小路泥泞,为了躲敌机，部队基本都在夜间行军，行动十分艰难。

邓颖超病重，发烧造成的浑身疼痛折磨着她，但她仍时时不忘关心其他同志。一次夜间行军，她的担架掉队了，身边只有两个担架队员和一个警卫员，年轻人不禁有些惊慌，邓颖超非常镇定地对他们说："不要怕，咱们能赶上。"战士们在她的鼓励下，加快脚步，追上了队伍。

长征部队到达遵义后，中共中央政治局扩大会议召开了。在会上周恩来批评博古、李德在军事指挥上的错误，并主动承担责任，做了自我批评。会议增选毛泽东为中央常委，撤销了博古、李德对军事的领导权，并总结了第五次反"围剿"的错误。常委会决定由朱德、周恩来为军事指挥者，而周恩来是党内委托在指挥军事上做最后决定的负责者。会后，周恩来、毛泽东、王稼祥组成三人团，全权负责指挥红军的行动。

遵义会议的精神传达到全军后，邓颖超与丈夫团聚了。参加长征以来，她除了在黎平与丈夫匆匆见了一面后就一直没见过，她的心情非常激动，毛泽东、周恩来等人的正确主张得到了肯定，中国革命的前途出现了光明。

周恩来这一路与毛泽东率领红一方面军，参与决策了四渡赤水河、巧渡金沙江、飞夺泸定桥、强渡大渡河等著名战役，精神长期处于极度紧张之中，身体长期处于劳累之中，但不管多忙多累，身上责任多么重大，他始终惦念着病中的妻子。

邓颖超向周恩来汇报了红十二军团政委钟赤兵的伤情。钟赤兵在娄山关战斗中负伤，若不截肢生命不保，但他怕截肢后被寄养从此离开部队，不肯截肢。眼见他的伤情日益威胁到生命，邓颖超心急如焚。周恩来非常理解妻子的战友情，立即召开紧急会议，军委做出了截肢后用担架抬着钟赤兵随军长征并且配备警卫员和马匹及马夫的决定。钟赤兵听了匆匆赶来的邓颖超传达的军委决定，安心地做了手术。

周恩来见邓颖超的警卫员有些调皮粗心，放心不下，便把从江西一直跟着自己的警卫员顾玉平调给妻子。顾玉平身体壮实，忠厚细心，由他照顾邓颖超，周恩来心里踏实了许多。

四渡赤水后的一天傍晚，休养连的同志们在休息时遭到敌人扫射，牺牲了十几位同志。周恩来得知后，立即同毛泽东赶到出事地点。邓颖超见到神色焦急的丈夫，心里很激动，周恩来紧紧握住妻子的手说："小超，你受惊了。"

邓颖超难过地说："都是我不好，我不该同意大家休息的。"出了事，她首先想到的是自己的责任，尽管这责任不在于她。

周恩来军务繁忙，只跟妻子交谈几句就随毛泽东离开了休养连。

1935年的8月，红军长征到达了毛儿盖。

毛儿盖地势高、人烟少、粮食短缺，部队在此做了短暂的休整，他们割麦子、筹集口粮、编草鞋、收集羊毛做御寒衣服，为过草地做准备。

这时，周恩来病倒了。

在长征路上，周恩来是最辛苦的人之一，白天他跟随部队行军，晚上他要开会，研究行军和战略上的问题，常常通宵达旦地工作，以至于他都不敢骑马，怕骑马时会头晕或发困从马上摔下来，但步行使疲惫不堪的他几乎耗尽了最后一点体力。

周恩来的病情十分严重，一连几天高烧不退，不能吃饭，肝部极度疼痛，皮肤蜡黄，经随军医生诊断，周恩来患了肝脓疡。

邓颖超得知丈夫病重，不顾自己的病痛立即赶到周恩来身边。周恩来的病情恶化得很快，脓液占满了肝区。因为部队条件所限，无法进行消毒和穿刺，大夫只好告诉警卫员到几十里外的高山上取冰块，冷敷降温控制病情。一连三天三夜周恩来陷于昏迷中，邓颖超和衣守在丈夫身边，一刻也不敢休息，不断地为周恩来换冷敷冰块和冷水毛巾，实在困得不行了，便在周恩来身边铺些稻草，靠在边上眯一会儿。

在邓颖超和医生、警卫员的精心护理下，周恩来终于苏醒了，他感到肚子剧痛，邓颖超和医生把他扶起来，排出了半盆绿脓。过了一天，周恩来病情有些好转，人也逐渐清醒了，这时他才发现了自己身边的妻子，惊讶地问："小超，你怎么在这里？"

警卫员告诉周恩来："大姐在你身边护理了三天三夜。"

毛泽东正好来看望周恩来，称赞说："恩来，你这次病能脱离危险，多亏了小超同志呀。"

周恩来从生死边缘上刚刚走过来，马上就面临着新的挑战，红军长征开始了极为危险和艰难的路程——过草地。

茫茫草地是一片望不到边的沼泽地带，是"千山鸟飞绝，万径人踪灭"的寂静世界，乌黑恶臭的泥潭随时都会给途经这儿的红军带来灭顶之灾。而且草地上的天气风云变幻，不是飞雪漫天便是暴雨倾盆。这是一片令人恐怖的"死亡之地"。

勇敢坚强的中国工农红军在死亡的威胁下，不畏艰险，向草地进发。

极度虚弱的周恩来根本无法走路，红三军团长彭德怀便决定派战士将周恩来抬过草地。陈赓与兵站部部长兼政委杨立三和战士们一起亲自抬担架，深一脚浅一脚，冒死过草地。周恩来心中不忍，几次挣扎下来，都被同志们制止了，这份战友的深情，周恩来一直铭记在心。

邓颖超在照料丈夫时已完全忘记了自己的病情，周恩来好些了，她才感到天旋地转。组织上给她派了匹马，她骑着跟在周恩来担架的后面。过草地的第一天，天就下起了瓢泼大雨，邓颖超的马受了惊跳起来，使她跌落进了沼泽里。邓颖超怕影响到周恩来的安危没有喊叫，她也知道不能挣扎，否则会越陷越深更危险，便一动不动地站在泥潭中。前面的担架走远了，她在风雨中坚持着，过了许久，后面的同志发现陷在泥潭中的邓颖超，才把她拉了出来，而她的战马已经淹没在沼泽地的黑泥之中了。

直到深夜，邓颖超才带着满身的泥浆追上了宿营的周恩来担架队，她怕丈夫担心又怕同志们操心，自己悄悄找了个角落和衣休息了。

进入草地第三天，红军在一条大河面前停住了脚步，这条河原本宽四十多米、水深一米多，因为刚刚下过暴雨，河面变宽，河水变深，流势湍急。先下水的同志被水冲得东倒西歪、步履趔趄。从江西出发一直是邓颖超担架员的小战士刚刚跳下河，就被湍急的水流冲走了。

邓颖超痛心地大喊战士的名字，眼泪止不住地流淌下来。

周恩来见状让大家解下绑腿带系在一起，一头由未下河的同志牵着，另一头派战士趟过河系在对岸的树木石头上，然后大家扶着这根用绑腿系成的带子安全地趟水过河。邓颖超在冰冷的河水中，咬牙摇摇晃晃地在战士的帮助下渡过了河。

七天七夜，在生与死的挣扎与较量中，红军终于走出了草地。通过草地不久，周恩来的身体有所恢复，组织上决定让邓颖超回休养连。草地最后一站是巴西，这里已经能见到居住的人和房子了。从荒无人迹的草地走出来看见房子，使已经七天没有吃过一粒米、身体已虚弱到极限的邓颖超感到十分兴奋，她真想找间屋子躺一下。这时她看见一座二层小楼，楼上是居民，楼下是牲口棚，她走进去一下子躺在满是牲口粪的地上，一动也动不了，她的力气已经耗尽了。这时蔡畅赶到休养连来看邓颖超，在这里找到了她，蔡畅禁不住泪流满面，以为自己的战友邓颖超活不了了，因为她看见的邓颖超已经瘦得皮包骨，两只眼睛深深陷进去，没有人形了。

1935年10月，中央红军经过二万五千里长征，纵横十一个省，终于到达吴起镇。陕甘根据地的军民热烈欢迎中央红军的胜利到来。

长征，终于以中国共产党、中国工农红军的胜利和国民党反动派的失败而宣告结束，并载入光辉的史册。

周恩来、邓颖超以顽强的革命意志和革命乐观主义精神，和中央红军一起迎向新的革命征程。长征创造了人类历史上的奇迹，周恩来夫妇的革命情谊也在危难之间得到升华，同生死，共患难，风雪长征路是他们生死情缘的见证。

← 1932年9月，邓颖超（检阅台上坐者左二）参加中央革命根据地儿童团第一次总检阅

↖ 周恩来以"伍豪"为代号给中共中央政治局的信

↑ 周恩来在中央苏区的办公地旧址

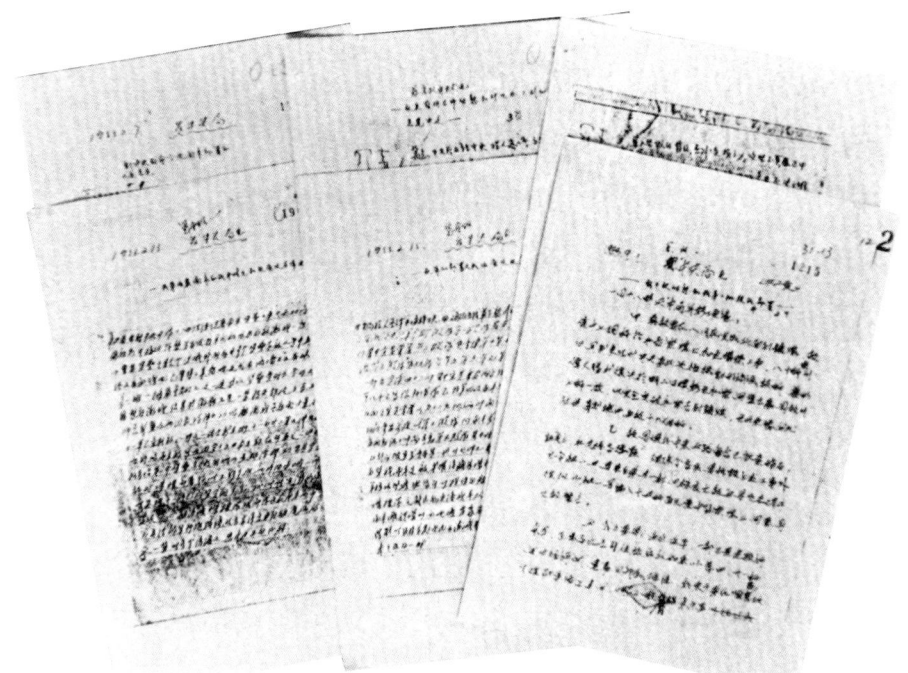

↑ 1934年的列宁逝世纪念日，周恩来为瑞金红军烈士纪念塔题词

↗ 周恩来发出的有关反"围剿"的部分电报手稿

→ 1931年12月，周恩来抵达中央革命根据地，这是红军时期的周恩来

↖ 周恩来初到陕北时留影

↑ 1935年10月,邓颖超长征到达陕北。这是她同李克农(右二)等在保安

↗ 1933年12月,周恩来(右三)和红一方面军部分领导人在福建建宁合影

第八章　CHAPTER 8

08

抗日烽火遍九州
坠马受伤到苏联

中央红军到达陕北后，于 1935 年 11 月 3 日召开中央政治局会议，会议决定由周恩来负责组织局工作。军事上成立军委，毛泽东任主席并兼任第一方面军政委。同天成立西北革命军事委员会，毛泽东任主席，周恩来、彭德怀任副主席，在他们的领导下红军取得了直罗镇战役的胜利，消灭了敌军近两个师，粉碎了敌军对陕北苏区的第三次"围剿"，解除了根据地的险象。

同时，在政治上妥善处理了内部错误的"肃反"，团结了红十五军团和陕北的干部群众，组织上健全了各级机构，消除了根据地的危机。

革命的大本营设在西北应对了内忧外患的动荡局面，迎来了相对安全稳定的新局面。

1935 年 11 月 27 日，周恩来、邓颖超到达瓦窑堡。

中共中央于同年 12 月，在此召开了政治局扩大会议。会议根据共产国际"七大"号召建立反法西斯统一战线的指示和日本帝国主义对华北的侵略加紧的态势，做出发动、团结与组织全中国全民族一切革命力量，建立最广泛的民族统一战线，去反对"当前主要的敌人——日本帝国主义与卖国贼头子蒋介石"的决策。

周恩来和邓颖超此时在不同的岗位上落实瓦窑堡会议精神，一个抓面上的大事，一个抓点上的细微"小事"，配合得相得益彰。

周恩来除了制订一、二、四方面军会师后的战略战役计划，还花费了许多心血，通过各种渠道沟通与国民党高层之间的关系。

他亲自与东北军将领张学良和西北军将领杨虎城就抗日统一战线，以及停止内战、相互支援抗战等具体问题交换了意见。周恩来的行事作风，对国内外事件的严谨分析和敏锐的洞察力以及虚怀若谷、亲和客观的形象让张学良印象深刻。张学良与周恩来分手后对他的司机说："周给我指明了历史发展趋势，我剩下半个脸，不能黑了，会'涂'成红色的。"

不久，张学良与杨虎城发动了震惊全国的"西安事变"。

邓颖超此时任中央机要科科长，她严格细致地带领全科同志把守着党的机密，一丝不苟，西安事变的消息，她最先知道了。收到张学良的密电："兄等有何意见，速复。"她立即将电文呈给毛泽东、周恩来。当天，她负责将毛、周的复电传给张学良："恩来拟来兄处协商大计，盼复。"

中共中央派周恩来去西安斡旋，并根据周恩来反馈的西安方面的信息，决定和平解决西安事变，逼蒋抗日。

党中央的决定是从国家民族大局出发，当时日本帝国主义已经占领东北并向华北深入，国民党亲日派何应钦很可能趁蒋介石被抓的时机调动大军进攻西安，这样内战就不可避免，会给日本帝国主义大举入侵中国制造机会。民族矛盾是当前的主要矛盾。周恩来在西安沉着机智，力挽狂澜，终于使西安事变得以和平解决。

蒋介石被迫接受了国共合作、联合抗日的协议。西安事变的和平解决，成为历史转折的重要关键，十年内战结束，为抗日民族统一战线的建立奠定了重要基础。

西安事变和平解决的消息传到延安，邓颖超欣喜若狂，她知道周恩来不辱使命，完美地完成了党中央交给他的重大政治使命。

不久，另一则喜讯传来，邓颖超的母亲杨振德被释放出狱了。杨振德没有随红军长征，留在了江西革命根据地。邓颖超与母亲分别两年多后，从国民党的报纸上知道了母亲被捕的消息。

当时杨振德被关押在江西反省院内，敌人对她拷问，她坦然承认自己就是周恩来的岳母、邓颖超的母亲。敌人威逼她劝降女儿女婿，杨振德沉着地说："这儿女的事，父母怎管得了，连蒋委员长也管不了他的儿子到苏联去呀。"敌人哑口无言。后来反省院伤寒病流行，院长侄儿也传染上了，杨振德用自己的医术治好了许多犯人、看守和他们的家属。她的待遇得到些许改善，由睡地铺改为睡木板床。西安事变和平解决后，江西反省院宣布：犯人可取保释放。杨振德不知真假，担心是敌人圈套，直到反省院关门，她才最后一个走出反省院，在一个好心人的安排下到九江一个尼姑庵住下。

这时，邓颖超的身体状况虽在马海德博士的医治下逐渐稳定，但仍很虚弱。在毛泽东的亲自安排下，中央决定让邓颖超去医疗条件较好的地方治疗，以便承担将要到来的更繁忙的工作。

邓颖超到了西安，和周恩来短暂相聚，住在红军驻西安办事处的一间小房子里。周恩来考虑得非常细致周密，他和叶剑英商量让邓颖超去北平治疗。因为北平地下党的徐冰和他的爱人张晓梅都是邓颖超在上海做地下工作时的战友，相互认识。考虑到邓颖超的安全，周恩来让她化名李知凡太太。李知凡的身份是中学教师。

精心装扮后的邓颖超身穿深蓝色绸缎旗袍，黑色皮鞋，以教师妻子的身份在徐冰的接应下乘火车去了北平。

临行前，邓颖超与即将去上海同国民党谈判的丈夫告别，嘱咐丈夫到上海一定设法打听母亲杨振德的下落。

邓颖超到了北平的西山平民疗养院治疗。

西山平民疗养院坐落于燕山余脉，山坡上有着茂盛挺拔的苍松翠柏，环境优美，空气清新，是疗养肺病的适合场所。

疗养期间，邓颖超关心帮助病友，募集捐款给抗日伤兵养伤，在病友中享有很高的声誉。尤其是当卢沟桥事变的消息传到平民疗养院时，一位女病友的丈夫给她发来了电文，邓颖超在没有电报号码本的情况下，只凭自己超常的记忆力就译出了电报内容，使全体病友得知了卢沟桥的重大变故，得知了侵华日军的新动向。

后来，受到邓颖超影响而改变了自己的人生，变得开朗、向往革命的病友胡杏芬以真挚的情感，将邓颖超的故事写成《李知凡太太》一文在上海发表，在文中她谈到邓颖超对自己丈夫的描述："她常称赞她先生的美貌，浓眉毛，大眼睛，高个儿，阔肩膀，她更常称赞她先生的聪明，能干，并且有爱国思想。无论什么时候，一提到她先生，美满的意态充分显露她对于婚姻的满足。"

1937年7月29日，日军深入北平，天津随即沦陷。周恩来立即写信让邓颖超离开北平到西安会面。邓颖超偶遇美国进步记者斯诺，有斯诺同行，一路平安。邓颖超到了西安，见到了分别几个月的丈夫。

周恩来到南京与国民党谈判期间，淞沪会战爆发，日本帝国主义把战火烧到了国民党统治的上海。蒋介石迫于形势的急迫，不得不接受了中国共产党的建议，同意将中国红军主力改编为八路军；在国统区成立八路军办事处；出版《新华日报》，并发表公开讲话承认中国共产党的合法地位。至此，抗日民族统一战线正式形成。

统一战线的建立是中国共产党中央的正确决策，也与周恩来长期大量的工作分不开。

1937年冬，中央决定由周恩来、博古、董必武、项英等组成中共中央长江局领导南方各省的工作，并组成中共中央代表团赴武汉同国民党继续谈判，协商国共两党合作事宜。12月中旬，周恩来和邓颖超来到当时国统区的政治中心武汉。

在周恩来和邓颖超的努力工作下，武汉很快形成了热火朝天的抗日救国工作局面。周恩来当时接受蒋介石的邀请，担任国民政府军事委员会政治部副主任。他聘请了郭沫若出任国民政府军事委员会政治部第三厅厅长，团结了大批文化界的爱国人士，成立了中华全国文艺界抗敌协会，进行影响甚广的抗日救亡宣传。

周恩来在武汉还广交朋友，开展对国民党高级将领的工作。他曾向国民政府军委副参谋总长白崇禧和第五战区司令长官李宗仁提出建设性意见：在徐州以北同日本侵略者打一大仗，李宗仁等采纳了，在台儿庄取得大捷。

邓颖超在武汉不遗余力地支持周恩来的工作，在周恩来的国际统战工作中成为他的有力助手。周恩来在武汉接见了白求恩率领的加拿大援华医疗队，柯棣华率领的印度援华医疗队，并将他们介绍到延安。他还会见了斯诺和安娜·路易丝·斯特朗及史沫特莱、艾黎和伊文思等。在待人亲切友好，学识渊博，谈吐儒雅，长得一表人才的周恩来和他热情的妻子邓颖超身上，国际友人感受到了中国共产党人的风采和中国未来的希望。

当时，因日本侵略者在中国烧杀抢掠，许多孩子失去了父母，成为四处流浪的难童。为了救助他们，邓颖超和周恩来商量，请冯玉祥的夫人李德全出来主持战时儿童保育工作。为了避免国民党顽固派的破坏，在战时儿童保育会成立大会上，邓颖超托李德全请来宋美龄主持大会。在邓颖超周密的组织安排下，大会顺利召开。邓颖超亲自推进成立的中国战时儿童保育会是第二次国共合作后最早成立的抗日统一战线团体。这个团体救助的许多难童，后来都成长为新中国的建设人才。

周恩来和邓颖超还代表八路军办事处看望从上海辗转到武汉的孩子剧团。这个孩子剧团是上海地下党建立起来的，孩子们冒着炮火，一路上演戏、唱歌，向民众进行抗日宣传，经历了许多艰难困苦。邓颖超请医生给孩子们治病，又筹集募捐一些款项给孩子们添补衣服、被褥，买食品给他们增添营养。邓颖超还常常无微不至地关怀他们的生活，孩子们都称她为"邓妈妈"。

周恩来对孩子剧团也十分关心，他送给孩子们"救国、革命、创造"三种精神，使孩子剧团受到极大鼓舞。

在武汉，周恩来和邓颖超还帮助北伐中牺牲的国民革命军烈士曹渊的儿子到延安学习，帮助烈士孙炳文的长子孙宁世和爱女孙维世，将他们一个送到太行山朱德总司令处工作，一个送到延安抗大学习，他们还认了孙维世作干女儿。周恩来和邓颖超为革命失去了自己的孩子，但他们视天下儿童为己出，不论是对难童、孩子剧团的小演员还是烈士的遗孤，他们都献出了自己博大的慈爱之心。

1938年10月，日本侵略者逼近武汉，周恩来在武汉沦陷前送走最后一批撤离的同志后，最后一个离开武汉。此时邓颖超正在重庆以国民参政会中共方面参政员身份参加参政会。周恩来在战乱流离的辗转途中仍挂念着妻子，他给妻子写信告知近况："……我亦安然到达沙市，转来长沙……现两老均在衡阳道上，后日可往桂林……"

信中所指"两老"是周恩来的父亲和邓颖超的母亲。周恩来的父亲周劭纲，常年做小职员，收入微薄，日本侵略军占领他工作的地方，他无法安身，就来武汉投奔儿子。而杨振德也从九江来武汉找周恩来、邓颖超夫妇。邓颖超很是担心母亲的安危，见丈夫将两老安排妥当，心中十分安慰。不久，周恩来也来到重庆，便把两位老人接到重庆八路军驻地红岩村，一边工作，一边照顾老人。

1938年12月中旬，周恩来到达重庆。根据中共六届六中全会决定，周恩来到重庆组建中共中央南方局并任南方局书记，邓颖超任中共南方局委员兼妇女运动委员会书记，不久他们搬迁至重庆市郊红岩村。

1939年2月，周恩来赴新四军军部传达中共六届六中全会精神。6月，邓颖超则到成都召开中共川康特委妇委扩大会，传达中共六届六中全会放手组织抗日人民武装的精神。其间，他们夫妇还帮助烈士李硕勋的儿子李鹏在重庆就读育才学校，后又把他送到延安学习。

从成都回到重庆后不久，邓颖超收到丈夫从延安发来的一封电报：周恩来坠马受伤了。

原来，周恩来视察新四军回重庆后，毛泽东等中央领导请周恩来回延安研究如何对付国民党顽固派不断制造的摩擦。在延安，毛泽东请周恩来到中央党校作报告，赴党校途中周恩来骑的大青马受惊，致使他坠马，右臂摔成了粉碎性骨折。

邓颖超接到电报，心急如焚，一路奔波，赶回延安。

邓颖超看见丈夫的右手用两块夹板吊着，还在吃力地用左手批文件。她的悉心照料，使一刻也没停止工作的周恩来的伤口没有继续恶化。但由于医疗条件所限，伤口愈合得很不理想，右臂肌肉还出现了萎缩。中共中央决定让邓颖超陪同周恩来去苏联进行治疗。

9月中旬，周恩来邓颖超抵达莫斯科，中共驻共产国际代表任弼时在机场迎接他们。

周恩来被安排在克里姆林宫医院检查治疗，苏联派了一批专家来会诊，他们提出两个方案：一是把肘骨拆开，再接上。这样可以完全恢复右臂的功能，但所需要的时间很长，也有风险。二是不开刀，把胳膊控制在只能有四十到六十度的活动空间，胳膊就再也不能完好如初了，但所需时间比较短。周恩来竟毫不犹豫地选择了第二种方案，因为他觉得党和人民需要他尽快恢复工作，不能长期在国外治疗。

治疗开始了，医生给周恩来打了麻药，硬是生生地把他已经变形的胳膊扳回到一定的伸缩角度，再固定下来，然后给他做肌肉按摩，让他已经萎缩的肌肉慢慢恢复，周恩来忍住剧痛不吭一声，头上汗珠不断。邓颖超看在眼里，痛在心里，一直细心体贴地照顾着丈夫，希望能使周恩来的病痛减轻一些。

邓颖超在莫斯科见到了许多女战友——蔡畅、杨之华、贺子珍和任弼时的夫人陈琮英。在周恩来病情有些稳定之后，邓颖超抽空参观了莫斯科的工厂、文化馆和集体农庄，苏联妇女自主自强的精神风貌，给了她鼓舞和启示。在她去郊外看望方志纯、钟赤兵、刘亚楼等同志时，周恩来开始练习用伤了的右手写字，并忍着疼痛给妻子写了封信，为的是让她知道自己可以写字了，给她意外的惊喜。

经过几个月的治疗，周恩来出院了，但他的右胳膊却永远不能伸直了。他并不在意自己身体落下的疾患，能写字，还能工作，对他就是最重要的事。

为了让共产国际了解中国革命的情况，周恩来在苏联写出了长达116页的《中国问题备忘录》，详细介绍了中国抗战的严重形势和艰巨的任务，表示了中国共产党抗战到底的决心。共产国际根据周恩来的报告，认可了中共中央在抗战危机时候制定的路线、方针、政策，并做出了书面决议。

周恩来邓颖超在苏联期间还去莫尼诺国际儿童院看望了那里的中国烈士遗孤和革命同志的后代，这批孩子中有张太雷的儿子、瞿秋白的女儿、赵世炎的儿子、苏兆征的儿子、毛泽东和杨开慧的两个儿子、朱德的女儿、刘少奇的儿子、李富春和蔡畅的女儿，等等。对这批孩子，周恩来十分关心，专门就孩子们的问题代表中共中央同斯大林谈判，还达成共识，一是若苏联参战，中国孩子即使年满十八岁也不参战；二是学业完成后，全部回国。所以当苏联卫国战争爆发后，虽然孩子们受尽了战争的苦难，但大多幸存了下来。

1940年3月，周恩来邓颖超同任弼时夫妇、蔡畅等人安全返回延安。毛泽东出席了欢迎周恩来病愈归来的大会。周恩来在会上作了报告。不久，邓颖超发表了介绍莫斯科的多篇文章，宣传苏联的建设成就和社会主义国家妇女的生活。

↙ 20世纪30年代的周恩来、邓颖超

↑ 周恩来旧居，位于陕西省延安市子长县瓦窑堡镇，1935年12月13日至1936年6月21日周恩来居住在此

↓ 西安事变时期的周恩来

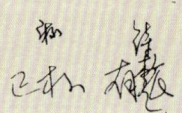

↖ 肤施会谈后，周恩来写给中共中央的关于会谈情况的报告

← 1936年12月13日，《西北文化日报》关于西安事变的报道

↑ 西安事变期间，周恩来（后排左一）和叶剑英、张云逸、叶季壮同西安红军联络处工作人员的合影

→ 1937年，周恩来与邓颖超在西安八路军办事处合影

↖ 国共双方代表周恩来、张冲、叶剑英在西安南郊终南山

↙ 1937年初，周恩来同毛泽东、博古在陕北

↑ 西安事变和平解决后，周恩来回到延安，毛泽东到机场迎接。左三起：博古、张闻天、毛泽东、周恩来、彭德怀、林伯渠、肖劲光

↓ 1937年4月20日，周恩来（前排左八）参加杨虎城在西安新城大楼举行的宴会，庆祝西安事变和平解决

↖ 1937年7月,周恩来(左四)、博古、林伯渠同蒋介石(左一)在庐山进行国共谈判时的留影

↑ 1937年8月,周恩来回到延安。这是他和毛泽东、朱德、林伯渠在毛泽东的窑洞前合影

↙ 1938年,邓颖超在武汉

↓ 1937年8月9日至15日,周恩来(右二)在南京参加国防会议期间,同朱德(右一)、黄琪翔(右三)、叶剑英(右五)等人合影

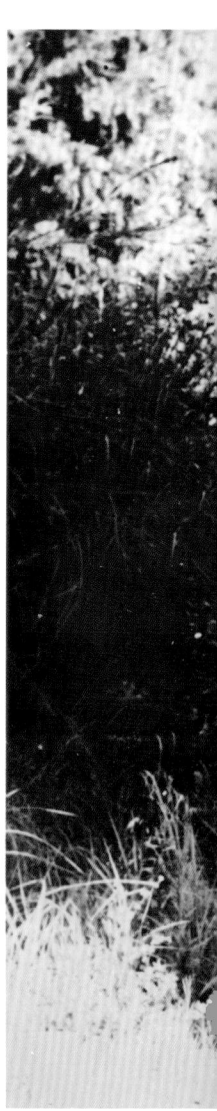

← 1937年12月9日至14日，中共中央在延安召开政治局会议。后排右二为周恩来，右一为毛泽东

↙ 1938年，周恩来、邓颖超在武汉珞珈山

→ 1938年1月，周恩来为《论抗战诸问题》一书题词

↓ 周恩来和美国进步作家艾格妮丝·史沫特莱（中）等国际友人在武汉的合影

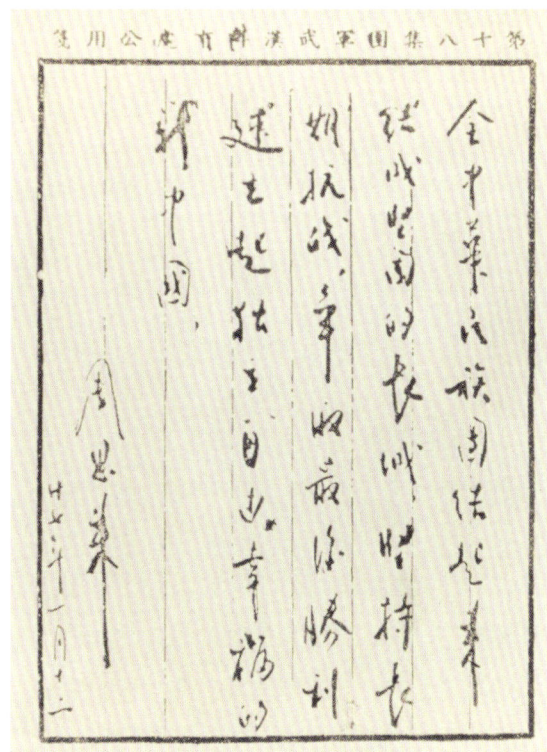

↖ 周恩来、博古接见美国主教洛根·鲁茨（中）并合影

↑ 1938年3月10日，战时儿童保育会于汉口成立，邓颖超（后排右一）当选为理事。这是同年5月战时儿童保育会成员的合影

← 1938年夏，周恩来和邓颖超在武汉同《西行漫记》的作者、美国著名进步记者和作家埃德加·斯诺（左一）合影

→ 抗战时期的周恩来和邓颖超

↖ 1938年8月,邓颖超(坐者右一)同何香凝(坐者左二)组织的中国妇女慰劳将士后援会香港分会代表合影

↑ 1938年9月至11月,中共扩大的六届六中全会在延安召开。会议上传达了共产国际关于中共抗日民族统一战线的政治路线是正确的和以毛泽东为首解决统一领导问题的指示。图为六中全会主席团成员合影。前排左起:康生、毛泽东、王稼祥、朱德、项英、王明;后排左起:陈云、博古、彭德怀、刘少奇、周恩来、张闻天

← 1938年9月至11月,参加中共扩大的六届六中全会部分人员在延安合影。一排左起:贾拓夫、高岗、谭政、朱德、张文彬、曾山、佚名、刘少奇、博古、萧克、项英、谢觉哉;二排左起:程子华、关向应、彭德怀、徐特立、成仿吾、潘汉年、徐海东、杨尚昆、肖劲光、罗瑞卿、滕代远、李维汉、朱理治;三排左起:李富春、郭述申、孟庆树、高文华、邓小平、彭真、王明、王稼祥、周恩来、冯文彬、李昌;四排左起:曹轶欧、柯庆施、康生、罗荣桓、吴玉章、林伯渠、贺龙、张闻天、陈云、刘子云、林彪、张浩、毛泽东

↑ 周恩来（后排右二）与新四军领导人项英（后排右一）、邓子恢（前排右一）、陈毅（后排右三）、粟裕（前排右三）等的合影

← 1939年3月，周恩来在皖南新四军军部驻地的留影

↗ 周恩来与新四军领导人叶挺（右一）、粟裕（左二）、陈毅（左一）等的合影

→ 1939年3月14日，新四军军部的同志欢送周恩来（前排坐者右十二）时的合影，照片上的题字为陈毅手迹

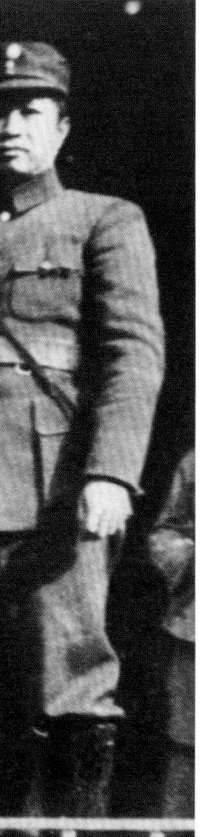

↖ 1939年，邓颖超在重庆纪念"三八"妇女节纪念会上讲话

← 周恩来赴苏联治疗臂伤前和刘少奇在延安的合影

↑ 1939年7月，周恩来在延安坠马骨折。8月，由邓颖超陪护赴苏联治疗。这是他们在苏联的合影

ГОСТИНИЦА „ЛЮКС"

ВРЕМЕННЫЙ ПРОПУСК №

Выдан 193 г.

Тов.

Комн. №

Действителен

Директор

Продлен 193 г.

Директор

Продлен по 193 г.

Директор

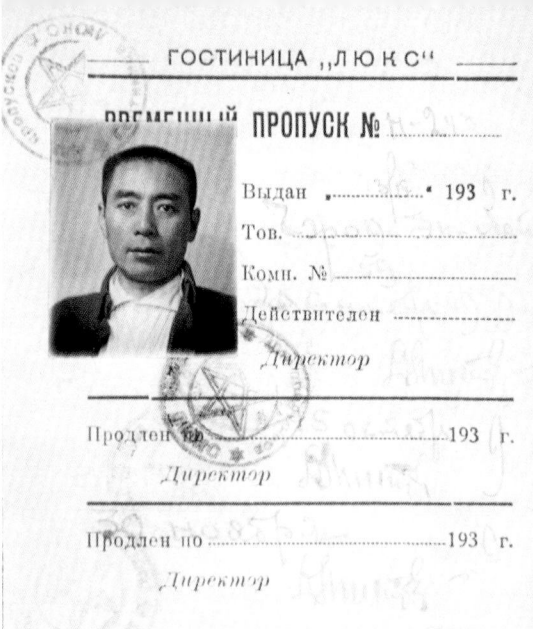

← 1939 年，周恩来赴苏联治病时使用过的共产国际公寓出入证

↓ 1940 年年初，周恩来、邓颖超在莫斯科同中共驻共产国际代表团负责人任弼时等合影

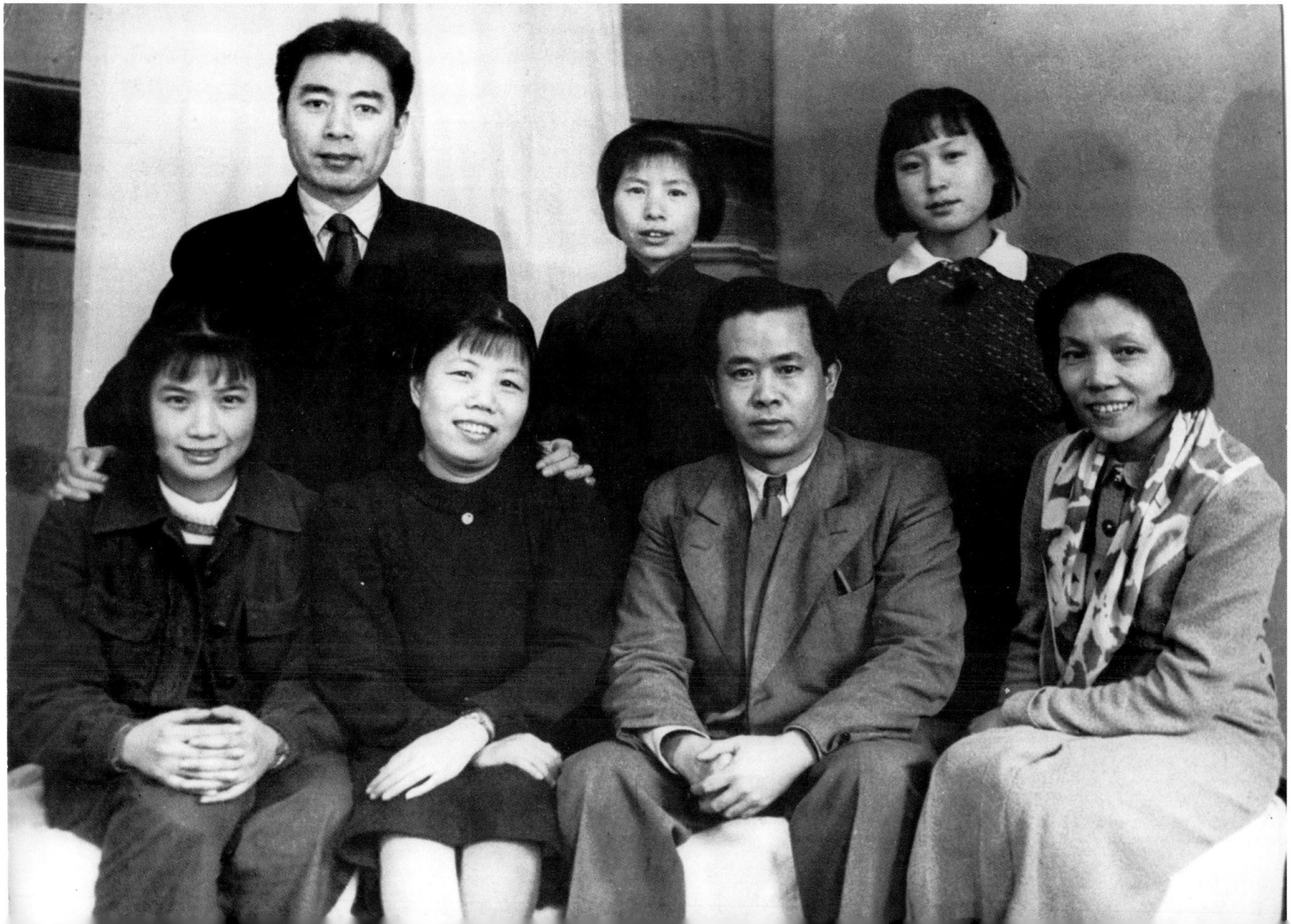

↖ 在苏联期间,周恩来、邓颖超和毛岸英、毛岸青合影留念。这张珍贵的照片是毛岸英送给周恩来和邓颖超的,背面写着"送给亲爱的周叔叔和邓妈妈"

← 周恩来伤愈后同邓颖超、任弼时等从苏联返回延安,受到各界人士五千余人的欢迎。这是他们进入会场的场景

↑ 1940年3月,周恩来归国后在延安锻炼臂力的情景

第九章　CHAPTER 9

09

皖南事变惊中外
悲欢离合红岩村

周恩来在延安停留了一个半月便赴重庆继续负责南方局的工作，而半个多月前，邓颖超随博古、林伯渠等参加国民参政会也去了重庆。

这时时局已经日趋险恶。1939年年底，国民党顽固派违背诺言袭击在华北的八路军，中共中央预计到国民党要掀起第二次反共高潮，目标是新四军，但是主持新四军工作的项英对国民党的进攻严重估计不足。这时，中央通过毛泽东起草的文件，批评了项英的错误，指出要坚决建立抗日根据地，扩大抗日队伍，并且指出国统区的工作要"长期埋伏，积累力量，以待时机"。

周恩来赶往重庆正是要处理这两个问题。

周恩来为了防止国民党制造的摩擦扩大化，亲自与蒋介石会面。之后，他对中央报告说："我对蒋的挑拨及攻击我们的话，均当场答复了，蒋的很多承诺是靠不住的，'剿共'仍在加紧布置中。"周恩来一方面向中央汇报情况，以防备不测，另一方面加紧布置南方局的安全隐蔽事宜。

1941年1月4日，新四军军部和直属部队九千余人奉命北调，途经安徽泾县茂林地区时，突遭国民党军队七个师共八万多人的包围袭击，经过七昼夜的血战，终因弹尽粮绝导致大多数同志牺牲，只有两千人突围，军长叶挺被扣，其他领导大多牺牲。

这就是震惊中外的皖南事变。

消息传来，周恩来气愤至极，他立即向国民党当局提出严重抗议，并巧妙地冲破国民党当局的新闻管制，立即在《新华日报》上向全国民众揭露了国民党顽固派破坏抗日统一战线、反共反人民的罪行。周恩来亲自书写"为江南死国难者志哀"和"千古奇冤，江南一叶，同室操戈，相煎何急？！"这两张墨宝，是周恩来在悲愤中一挥而就的，诗句很快被山城人民传遍，激起人民对一心内战破坏抗日的蒋介石当局的愤懑，揭示了皖南事变的实质。

这时中共中央发来急电，要求："恩来、剑英、必武、颖超以及办事处、报馆重要干部于最短期间离渝。"中共驻重庆办事处时时处于危险之中。

周恩来召开了部分同志参加的会议，讨论中央急电，会上他坚决地说："我要坚持到最后！"邓颖超马上支持道："这样严重复杂的局势，恩来怎能离开！我也坚决不离开，跟恩来同志坚持到底！"叶剑英、董必武也纷纷表态。党中央最终同意了他们的意见。

南方局决定把大多数同志分散隐蔽、转移，只留少数同志坚守。邓颖超具体负责了许多同志的转移工作。她工作细致，考虑全面，根据每一个同志的具体情况做出不同的安排，在"妇指会"工作的郭建，沈钧儒先生的女儿沈谱，孩子剧团的陈模、吴培尼、于真，女作家草明等许多同志都在她的安排下，或去延安或去香港，很好地为党保存了革命力量。

周恩来则一刻也不停歇地亲自部署人员的疏散工作，新华日报的二百多人，只留八十多人，许多在重庆的党内外进步人士，周恩来也帮助他们疏散到了安全的地方。

为了使国内各党派、团体和外国驻华记者了解皖南事变的真相以及共产党的抗日方针，周恩来频繁地与国民党左派会面。国民党顽固派的倒行逆施激起了爱国人士的极大愤慨，宋庆龄、何香凝等痛斥蒋介石违背先总理遗训，海外舆论也对蒋介石政府进行了责难。在英美苏三国政府的外交压力下，蒋介石陷入孤立和被动局面。这时，第二届国民参政会即将召开，毛泽东、董必武、邓颖超等七人仍是中共方面的参政员。蒋介石急于把共产党人拉进参政会，以减轻各方面的责难。

周恩来敏锐地指出，国民党利用参政会制造假团结真分裂的手段，共产党员应拒绝参会。党中央同意了周恩来的意见。

周恩来将毛泽东起草的解决皖南事变的十二条办法递交国民党谈判代表。后来中共中央又采纳周恩来、董必武的建议，向国民党提出十二条临时解决办法。这些办法，虽然未被接受，但中共处理这个问题的立场和态度博得了广大群众，包括中间力量的同情，打了一场漂亮的政治仗。

在周恩来和邓颖超等人的共同努力下，沈钧儒、陶行知、史良、邹韬奋等民主人士也都拒绝出席参政会。

中外记者将中共代表和著名民主人士不出席参政会的报道发了出去，使蒋介石十分狼狈，不得不表面上缓和了自己的态度。

在与国民党顽固派斗争的日日夜夜里，八路军驻重庆办事处红岩村里的生活分外艰苦。国民党停止了给八路军办事处的军饷，留下来工作的同志们生活十分艰苦。周恩来、邓颖超和大家一样常常只吃糙米饭和牛皮菜。为了改善大家的伙食，邓颖超在院子里开辟出一块菜地，和同志们发扬"南泥湾"的精神种菜自给自足。

周恩来和邓颖超在艰难的工作生活中始终保持乐观主义精神，深深感染着一起工作的同志们。

在红岩村南方局的同志中，荣高棠和管平夫妻有一个刚满周岁的儿子，这个孩子给红岩村带来许多欢乐。邓颖超、周恩来常常在工作之余过来抱抱他，邓颖超看他十分可爱，不爱哭闹，特别爱笑，就给他起了个名字叫"小乐天"，并称自己为"大乐天"，一大一小在一起玩的时候，常常笑个不停，逗得别的同志跟着也开心起来。

小乐天十分喜爱周恩来夫妇，刚刚会走路就摇摇摆摆地走到楼梯口，等着周伯伯和邓妈妈。

一天，邓颖超从外面回到红岩村，刚上二楼就看见小乐天坐在楼梯口等她，于是高兴地抱起孩子，两个人都笑起来，十分开心。恰好机要室的童小鹏拿着相机从二楼经过，就抢拍了邓颖超抱着小乐天嬉笑的镜头。

红岩村的业余生活在党组织的领导下十分丰富，常搞晚会演出一些小节目，每周还要出一组墙报。墙报组的同志向周恩来、邓颖超约稿，邓颖超就把这张照片拿了出来。周恩来端详着照片，把照片贴在一张白纸上，旁边他亲自配了几行打油诗，他写道：

题双乐天图

大乐天和小乐天，嘻嘻哈哈乐一天，

一天不见小乐天，一天想煞大乐天。

——赛乐天题

这风趣的题诗和欢乐的照片在墙报上一贴出来，大家就争相观看，都开心地笑起来。

不久，小乐天能说话了，可以清楚地喊邓颖超为"大乐妈"，喊周恩来为"大乐爸"，邓颖超笑着对小乐天的爸爸说："这一下，大小乐天可以组成一个乐民家庭了。"

周恩来、邓颖超在白色恐怖的包围下，无时无刻不在险峻的环境中为同志们创造乐观欢快的气氛，正是这种勇敢豁达的乐观主义精神，鼓励着红岩村的共产党员们勇敢战斗。

周恩来、邓颖超不仅关心热爱孩子，对红岩村的年轻同志也十分爱护。

红岩村的一百多名同志，很多是为了抗日而参加革命的青年男女，在一起工作学习战斗时间久了，有些同志之间渐渐产生了爱情。

在复杂、艰苦而又时时处在危险的环境中，如何处理好革命、恋爱和婚姻的关系，很多青年同志缺乏经验，也不懂怎样才是正确的革命的恋爱婚姻观。

周恩来邓颖超夫妇是公认的革命伴侣、模范夫妻，怎样处理好革命与爱情的关系，怎样认识恋爱与婚姻的关系，大家都希望他们能讲一讲。

邓颖超专门在办事处二楼的房间里给青年同志做了"恋爱与结婚""谈男女问题"等讲话。她谈到："正处在战争动乱和社会改革的时代，要建立比较合理的两性生活，进步正确的恋爱，为树立两性间新道德而努力"，"一个革命者，一个进步的人，决不允许为恋爱或结婚而动摇甚至丧失了自己的政治立场，放弃了革命事业"。她总结自己与周恩来的爱情观："我们认为男女的友情，应该讲道义忠信，两性的恋爱，还应该讲忠实坚贞，爱情不应是占有，而应该是双方互信互守的'专一'。只有'专一'的爱情，才能巩固结婚，获得愉快幸福的生活。"

红岩村的青年们听了邓颖超的讲话，非常受教育，不久，许多未婚男女青年经过相知相恋，举办了婚礼。

每逢南方局的青年男女办喜事，周恩来和邓颖超只要没有重要的工作就一定来参加，他们送给新婚夫妇的礼物，是总结他们夫妻恩爱的宝贵经验："八互"原则。

这"八互"原则是：

一、互爱。爱情是婚姻的前提、基础。结婚不是爱情的结束，而是新的阶段，要专一，要有新的发展。

二、互敬。相敬如宾，不必如宾，但要互相尊重，尤其在众人面前，更要注意相互敬重。

三、互勉。学习、工作、生活中要相互勉励，共同进步。

四、互慰。在生活和工作中遇到不愉快的事，双方要互相体贴、温存、安慰，不可相互指责、埋怨。

五、互让。生活中难免有不同意见，要懂得让步，非原则问题要谦让，即使争吵，争完就算，不可无休止地纠缠，不能影响到感情。

六、互谅。夫妻之间要学会互相谅解，谁都会有错，相互不包容缺点错事，不能宽容，久而久之会造成相互伤害。

七、互助。生活和工作上要相互帮助，彼此关心，不管哪一个遇到难处，另一个切不能袖手旁观，一定要尽心尽力、互帮互助。

八、互学。互相学习对方的长处，取长补短，感情就会愈来愈好，婚姻也会更加巩固。

这八条，是周恩来和邓颖超在青年的婚礼上谈话时陆续讲出来的，是他们夫妻生活的总结，也概括了他们多年夫妻生活和谐美满的经验，给年轻同志很大启发。多年后，当年的年轻同志们每谈到此，仍感到受益匪浅。

在红岩村的日子里，作为父母的子女，周恩来和邓颖超陆续送走了他们的亲人。

邓颖超的母亲杨振德一直追随女儿女婿，追随革命。她生性勇敢，向往革命，在江西出狱后一直身体虚弱，邓颖超在武汉与母亲聚首后将母亲送到重庆，1938年邓颖超和周恩来调到重庆工作后，就与母亲居住在一起。杨振德是中医，曾以此技能养家度日，也以此帮助过狱友和贫苦百姓。她的身体由于长期生活的磨难和监狱的煎熬，内脏多处出现病变，她很清楚，自己的时日不多了。虽然女儿女婿都很孝顺，但杨振德深明大义，知道他们做的都是有关国家命运的大事，自己默默地忍受着病痛，不让邓颖超操心，还常帮红岩村的同志们看病，日常生活也是做得多，要得少。

1941年11月的一天，周恩来和邓颖超有紧急任务要外出，他们来到母亲病床前，邓颖超说："妈妈，好好再睡会儿，我们一会儿就回来。"

杨振德睁开眼说："不要为我操心，去忙吧。"

但当周恩来、邓颖超回来时，母亲已经与世长辞，邓颖超痛苦万分，泪流满面。第二天，周恩来夫妇以女儿女婿的名义在《新华日报》上发布讣告。八路军驻重庆办事处为这位革命母亲举行了庄重的葬礼。

邓母祭文如下：

> 邓母志洁行芳，思想前进，性情刚强，自食其力，毋怠毋荒。或执教鞭，或施岐黄。稍有所得，不敢或藏，抚女入学，教女有方。引女自立，训女周详。救援志士，尽力相将，追随革命，曾坐牢房，不惧威胁，不畏风霜。法庭审讯，慷慨激昂，意志坚决，孤处浔阳，江西迎迓，欢跃无疆。日寇来袭，虽老不慌，关心国事，无日或忘。方期寇败，得睹安康，岂料一疾，遽尔云亡。回溯往昔，悲痛异常，爰备花果，敬献灵旁。

周恩来的父亲周劭纲，是个本分、忠厚的老人，在红岩村与儿子儿媳团聚后被安排住在红岩嘴，这里周围住户少，相对安全些。周恩来少小离家，参加革命后又忙于工作，常觉得自己对父亲照顾不周，内心歉疚，但周劭纲是个对人对事都随遇而安的人，从不生事，对儿子也十分理解、支持。

1942年6月底，周恩来因工作过度劳累加上受了寒湿，患小肠疝气住进了歌乐山中央医院。手术后，他仍高烧不止，不能翻身，大便不通，只能靠灌肠。为了早日恢复工作，他给妻子写信，告知病情，"夜半仍不能眠，非吗啡针不能入睡"，并让妻子做个"兜子"，将自己掉下的小肠兜起来。

邓颖超见信，心中甚痛，连夜用细软的棉布，细心做好兜子，又找来丈夫要的《唐诗三百首》和《白香词谱》两本书，第二天一大早给丈夫送去。

毛泽东知道周恩来的病情后，特地拍了电报："恩来须静养，不痊愈不应出院，痊愈后亦须节劳休息，请你加以注意。"

邓颖超探视之后，周恩来逐渐好转，也能睡着觉了，看到邓颖超带来的鲜花已枯萎，女护士便采来一些鲜花加上藤萝插入一个小瓶，然后把它固定在墙上。周恩来很欣赏这一佳作，便写信与妻子分享，信中说："胶布图钉居然使长不二寸之小瓶悬之于壁上，而野外闲花，插入其中，藤萝两枝，蜿蜒于外；护士小姐更独出心裁，外加葡萄一串，垂于小瓶藤萝之间，相映成趣。此项病室点滴，乌可不记？又乌不告太太？"

这封信表达了丈夫对妻子的思念，浪漫亲切，他还叮嘱邓颖超别忘了给他的老父亲吃面过生日。

邓颖超因忙于工作不能天天守在丈夫身边，接到周恩来的信，她回信道："知你昨夜睡眠好，……悬念着的心，一如释重负，而感到恬适轻松！""过去虽不应夸大说度日如年，但确觉得一日之冗长沉重——假若我未曾去看你的话。"

邓颖超写信后一直没有去看望丈夫,除了工作太忙,还有个重要因素,周恩来的父亲在儿子住院后突然病倒了,发病很急,邓颖超在忙着照顾老人。她知道周恩来很孝顺,担心他知道父亲病重会影响身体康复,就瞒着他。过了两天,她见周恩来病情有些好转,就写信告诉了他,老人家患了恶性疟疾,发高烧,"因老人病,祝寿势必没期了,待你出院,待他老好了再举行"。

知道爹爹生病,周恩来心里很焦急,便立即写信嘱咐妻子除了吃药,"还宜注意他的饮食,……先清内火,消积食,安睡眠……可吃的东西注意消化与营养……勿专当疟疾医"。周恩来很想去看看老父亲,但自己病情反复,还不能下床,见邓颖超几日未来,心里对父亲的病总有一些预感,几日担心未能入眠。

就在接到周恩来的信后当日,老人家病逝了。

邓颖超整整忙了一天为公公料理后事。她与董必武、钱之光和童小鹏反复商议后,决定暂不告诉周恩来这个噩耗,因周恩来是孝子,他刀口未愈,知道了会不顾自己身体来奔丧,而且大悲也会损害身体。

因为天热,董必武提出不能时间太长,要早些安葬。

邓颖超为了让周恩来有个思想准备,就将老公公这几日的病情及治疗情况写了封长信,详细告诉了他,只是瞒着死讯。

然而,一则父子之心相通,二则周恩来的心思何等缜密,他很快就发现了异常,不顾刚刚拆线、伤口还没愈合就坚持出院。

见到胳膊上戴着黑纱的妻子,周恩来战栗了,泪水奔涌而出,悲痛不已。

当夜周恩来守灵到天明,他在致毛泽东的电文中说:"归后始知我父已病故,悲痛至极,抱恨终天,当于次日安葬。"

周老太爷(这是红岩村大家对周劭纲的称谓)安葬在小龙坎,他与邓母杨振德和红岩村许多牺牲了的同志都葬在这里。

周恩来、邓颖超在墓前向父亲默哀。他们夫妻是坚强的共产主义战士,对敌人勇敢无畏,他们又是孝顺父母的子女,对亲人无比关爱、痛惜。他们是新时代的道德典范。

↑ 1940年,周恩来和邓颖超在重庆合影

↖ 1940年，周恩来、邓颖超、董必武在红岩村接见印度社会活动家冬米亚辛夫人

← 1940年夏，周恩来（正面中间）在重庆红岩村防空洞口的席棚下接待来访外宾

↑ 1940年8月8日，周恩来、邓颖超在重庆迎来了结婚15周年纪念日。这是他们当时的合影

↗ 1941年冬，周恩来（左四）、董必武、邓颖超在红岩村接待爱国华侨司徒美堂（左三）和黄兴夫人徐宗汉（左五）

→ 1941年1月初，皖南新四军九千余人，在奉命北移途经安徽泾县茂林地区时，遭到国民党军队的包围袭击。这是经过奋战突围出来的新四军一部

爲江南死國難者誌哀

中華民國卅年一月十七日夜

周恩來

千古奇冤，江南一葉；同室操戈，相煎何急!!

周恩來

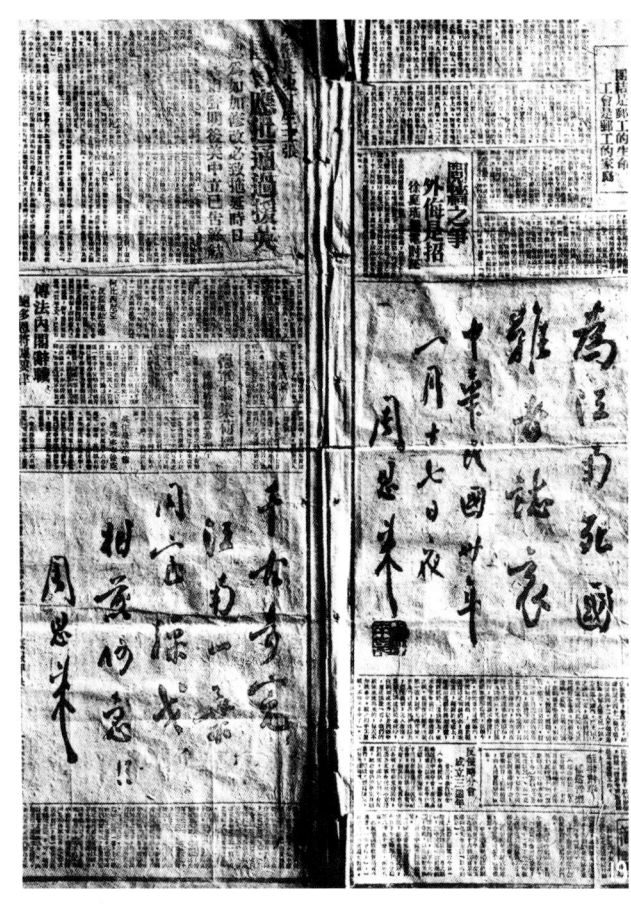

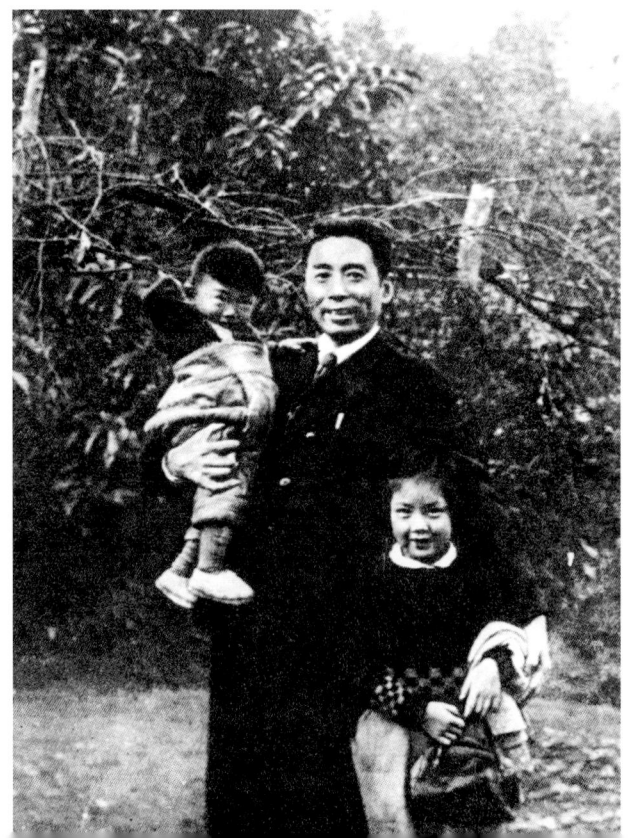

↖ 周恩来在《新华日报》上发表的题词和诗

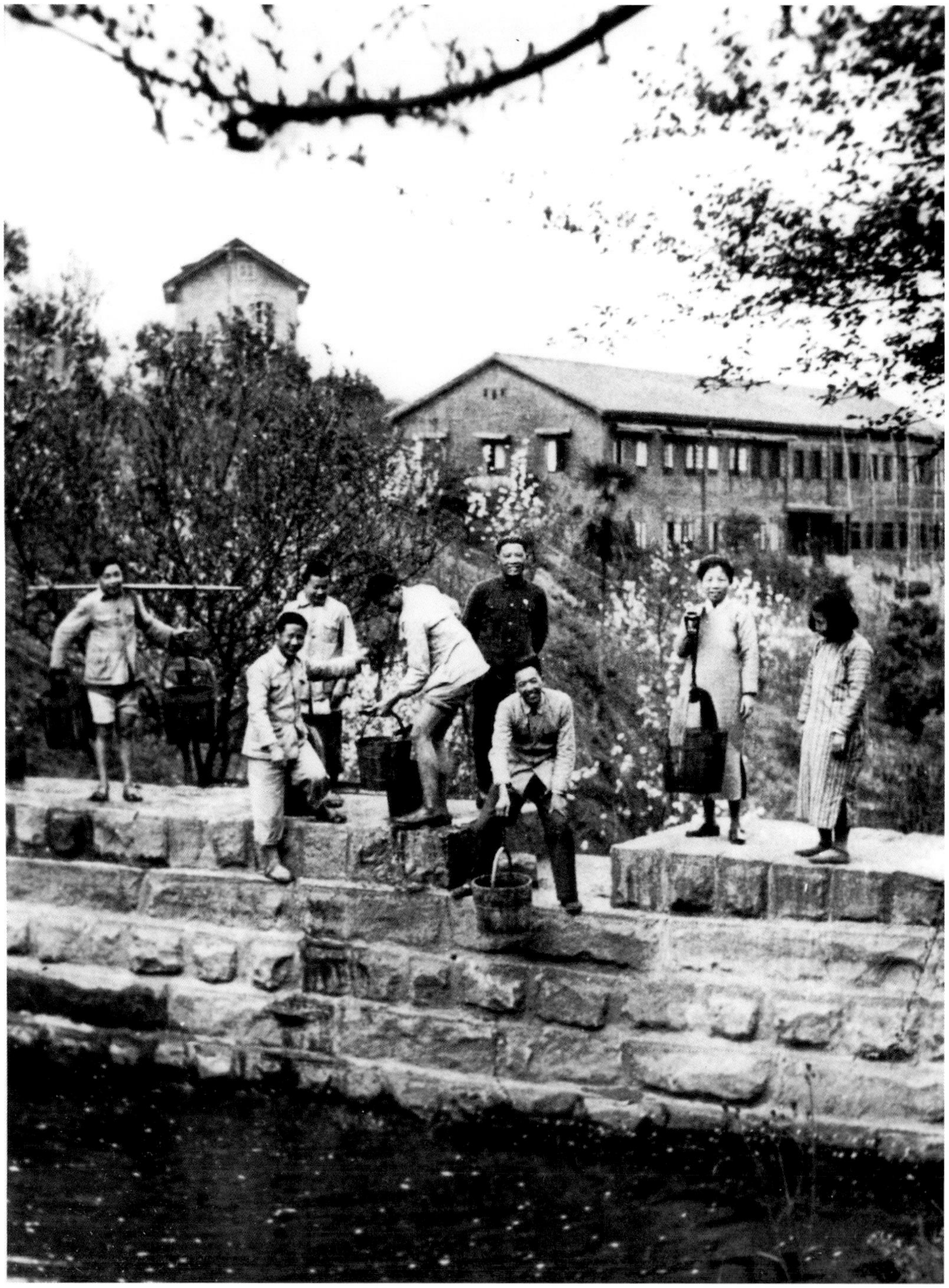

↑ 1941 年，邓颖超（右二）等和炊事员一起在红岩水塘挑水

← 1942 年，周恩来怀抱荣高棠的儿子荣乐天和叶挺的女儿叶扬眉合影

↗ 邓颖超同孩子们在一起

第十章 CHAPTER 10

⑩ 抗战胜利传捷报
谈判桌边遇石礁

经过十四年艰苦卓绝的浴血奋战，中国人民终于迎来了抗日战争的胜利。1945年8月，日本政府接受《波茨坦公告》，日本天皇发布《结束战争诏书》宣告投降。

中国胜利了，但更大的危险摆在中国人民面前。蒋介石一直坚持独裁和内战的方针，但由于饱受战争摧残的中国人民太盼望和平了，蒋介石对立刻发动内战也有所顾忌。

这时，蒋介石连发三封电报请毛泽东去重庆"共同商讨""各种重要问题"。

国民党没有和平的愿望，蒋介石的做法是想借此把拒绝和平谈判的帽子给中国共产党人戴上。中国共产党人真诚希望和平，也明白蒋介石的险恶用心，决定由周恩来先去谈判。

全面抗日战争的八年到解放战争的三年期间，周恩来代表中国共产党和国民党政府谈判了十余年。这十余年间，在大大小小的谈判中，周恩来呕心沥血，唇枪舌剑，周密机智，他以博大的胸怀、过人的智慧、谦谦的风度、勇敢沉着的态度，为发展和巩固抗日民族统一战线，为争取中国共产党的合法地位，为揭露国民党顽固派的嘴脸立下了汗马功劳。

谈判常常是邓颖超同丈夫分离的时候，有时，她亦战斗在丈夫身边，协助他圆满完成使命。

在分离的时候，周恩来、邓颖超来往的信件表达了他们之间深深的情谊和无比的牵挂。

1944年抗战即将胜利之际，奉命回延安参加整风学习的周恩来夫妇又一次别离，邓颖超留在中央党校学习，周恩来与美国特使赫尔利少将飞赴重庆同国民党谈判建立联合政府的问题。

周恩来在重庆收到了妻子的来信，信中说："来：你走了三天了。我可想你得太！这回分别不比往回，并非惜别深深，而是思恋殷殷！……你走了，好像把舞场的热闹气氛亦带走了。"

邓颖超的信充盈着她对周恩来深深的爱恋，也写出了在延安艰苦抗战中，热情洋溢的共产党人的革命浪漫主义精神。美国记者安娜·路易丝·斯特朗曾描写中共领导人的舞姿，她用诗一般的语言写道：

"周恩来动作优美，无与伦比……"

周恩来参加舞会，是在繁忙的工作中放松一下，解除疲劳，也是利用跳舞广结朋友，开展工作。

此次谈判中，赫尔利背弃诺言，和蒋介石进行幕后交易，谈判是伪，建立联合政府更是招牌，逼迫中共交出军队才是他的真实目的，因而谈判陷入僵局，周恩来决定立即返回延安。

他回延安时遵邓颖超之嘱带了一大包糖果分给战友们的孩子。他们夫妇永远都对孩子怀有慈爱之心，在艰苦生活中的孩子们吃到周伯伯带来的糖果，十分开心。

抗战胜利后的谈判，周恩来先打前站，随后亲自陪同毛泽东去重庆。

毛泽东、周恩来一行受到重庆人民的热烈欢迎。毛泽东、周恩来高超的谈判艺术加之中共晋冀鲁豫军区的部队一举歼灭了来犯的阎锡山六个师，蒋介石不得已与中共签订了《双十协定》。

周恩来、邓颖超在革命斗争中聚散两依依，感情格外真挚深厚，但无论是聚还是离，他们都把革命工作放在第一位，把对对方的思念和担忧自己担起。

1946年5月，国民党政府还都南京后，周恩来同中共代表团的同志们也从重庆搬到南京。邓颖超作为中共代表团群工委的负责人与丈夫一同来到南京，在梅园新村住下。

到达南京的当晚，周恩来就在梅园新村召开了中外记者招待会，指出：目前局势十分严峻，内战随时可能爆发，中国共产党的态度就是应首先实现无条件的停战。但是当中国共产党人领导的东北民主联军撤出长春、国民党军队占领长春后，政治局势却发生了明显的变化：蒋介石在谈判桌上咄咄逼人，在实际行动上更是加紧备战。

周恩来向马歇尔提出:"中国共产党的方针是要争取和平民主,但目前内战的危险日益严重,迫使我们不能不抵抗。只有这样,才能使国民党的内战政策不能达到目的,使他认识困难,再回过头来趋向和平。"

国共谈判越来越艰难,梅园新村的环境也越来越险恶。爱国民主人士郭沫若曾形容梅园新村:"这里仿佛空气里面四处都闪耀着狼犬的眼睛、眼睛、眼睛!"这排比的三个"眼睛"准确而形象地刻画了当时国民党特务的盯梢活动。他们在梅园新村周围不到一百米的距离里,设置了许多监视点,化装成各样的小贩,卖香烟的,卖小吃的,甚至化装成算命的,日夜在梅园新村的周围活动。

周恩来、邓颖超及中共代表团的工作人员,就在这样危险的环境里工作战斗着。

政治环境险恶,但梅园新村的自然环境可谓优雅、美丽。这座带院的两层小楼四周种满了石榴、海棠、蔷薇和柏树。这个月份石榴花开红艳艳,海棠、蔷薇粉红、纯白相间,周恩来和邓颖超在这座小院里并肩战斗,平添了险中作乐的诗情画意。

他们两个在梅园新村配合默契。周恩来与国民党政府针锋相对,舌战敌顽,并开展广泛的社交活动,做好爱国民主人士的工作,日以继夜地为战后中国的和平、民主而努力奋斗。邓颖超则在梅园期间领导国统区的妇女进行了一场争和平、争民主的斗争,这场斗争是因国民党政府两次无理阻挠她出国参加国际妇女会议而引起的。她召开记者招待会揭露国民党政府有意刁难,拒发护照的情况。虽然两次国际会议她都因国民党政府的阻扰没有出席,但她与国际民主妇联主席戈登夫人和已故美国总统罗斯福的夫人的联系以及宣传奔走,使中国妇女要求"停止内战、反对独裁"、要求民主的愿望在国际妇女界产生了很大影响,使世界人民了解了中国妇女争取解放的精神风貌。

1946年7月,国民党特务在昆明暗杀了民主同盟中央委员李公朴,不久又暗杀了民盟另一位中央委员、著名诗人闻一多。周恩来、邓颖超闻讯悲愤交加,联名向国民党政府递交抗议书,并向李公朴、闻一多的夫人发出唁电。

10月,上海各界召开公祭李公朴、闻一多大会,大会被特务严密监视。邓颖超冒着生命危险,代表周恩来参加了公祭大会,并沉痛地宣读了周恩来亲笔写的悼词:"今天在此追悼李公朴、闻一多两先生,时局极端险恶,人心异常悲愤,但此时此地,有何话说?我谨以最虔诚的信念,向殉道者默哀:心不死,志不绝。和平可期,民主有望,杀人者终必覆灭!"

邓颖超和周恩来的祭文在会议上引起极大反响,会场上几千人同时呼应:"和平可期""民主必胜""杀人者终必覆灭"!

周恩来曾经对一位记者说:"差不多十年了,我一直为团结商谈而奔走渝延之间,谈判耗去了我现有生命的五分之一,我已经谈老了,多少为民主事业努力的朋友都在这样长期的谈判中走向监狱,走向放逐,走向死亡……民主事业的进程多么艰难啊!"

1946年夏天,蒋介石冒天下之大不韪发动了对解放区的全面进攻。国共和谈破裂了。

周恩来、邓颖超与各党派和无党派民主人士告别,并召开记者招待会揭露蒋介石伪谈判真内战的真面目,在把地下党的工作安排好后,11月从南京回到延安。

↑ 1944年，周恩来和邓颖超在延安合影

↖ 1943年，邓颖超在延安演讲

↙ 1943年，周恩来和邓颖超在延安合影

↑ 1945年4月至6月，中共"七大"在延安举行。周恩来和毛泽东、朱德在大会主席台上

→ 解放战争时期的周恩来

↖ 1945年8月，为谋求国内和平民主，周恩来陪同毛泽东赴重庆，与蒋介石进行谈判，10月10日双方签署了《双十协定》。这是他们抵达重庆时，受到各界人士热烈欢迎的场面

← 1946年1月10日，周恩来和国民党代表张群签署的《关于停止国内军事冲突的协议》等文件同时公布。这是双方在马歇尔寓所签字时的情景

↙ 毛泽东、周恩来赴重庆谈判离开延安时，同国民党代表张治中（右一）、美国总统特使赫尔利（左二）合影

↑ 周恩来（右二）和马歇尔（右三）、张治中（右四）同随行的北平军事调处执行部成员沃尔特·S.罗伯逊（右六）、郑介民（右五）、叶剑英（右一）视察张家口时，在晋察冀军区司令部门前合影

↓ 军事三人小组飞抵延安时，在机场受到毛泽东、朱德、林伯渠的欢迎

↖ 1946年二三月间，周恩来同张治中、马歇尔及随员视察华北、华中各地停战协定执行情况并解决部队整编中的问题。这是当时的周恩来

← 1946年5月，邓颖超到南京，负责中共南京局的工运、青年、妇女工作。图为她和周恩来在中共代表团驻地南京梅园新村30号

↑ 1946年5月3日，周恩来、邓颖超随中共代表团到南京开展工作，在国民党特务严密监视的恶劣环境中坚持斗争。这是他们在中共代表团驻地梅园新村30号院内

↑ 1946年11月16日,周恩来在南京召开最后一次中外记者招待会,宣布中国代表团即将撤回延安,并表示:南京,我们是一定要回来的!

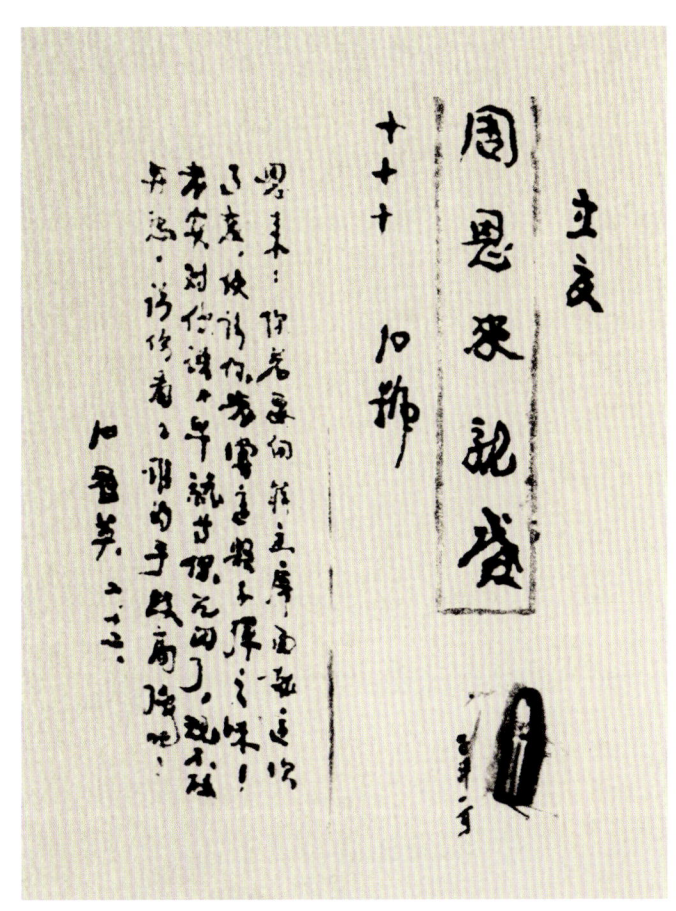

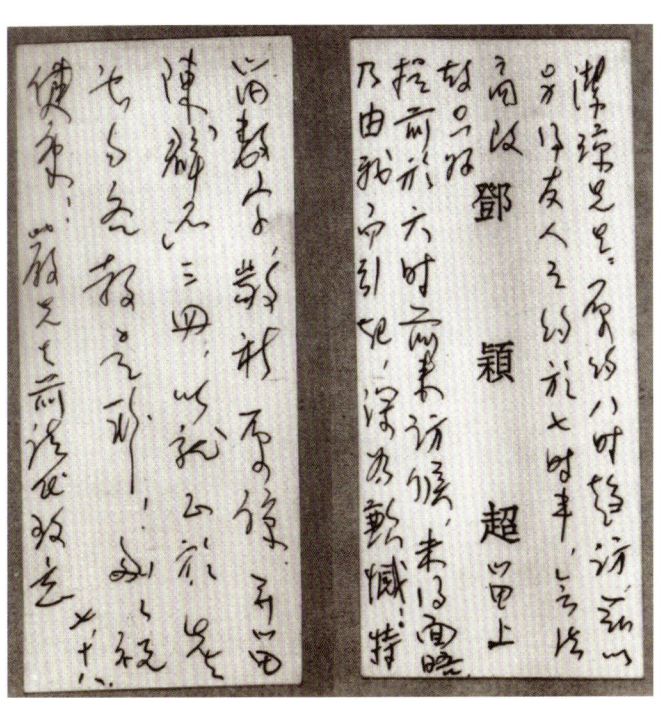

↖ 国民党特务寄给周恩来的恐吓信，信中附有一颗子弹

← 1946年7月18日，邓颖超探访"六二三"请愿受伤代表雷洁琼。图为因未晤面，邓颖超留下的名片和附言

↑ 1946年7月18日，周恩来在上海周公馆会客厅举行记者招待会，揭露国民党反动派暗杀李公朴、闻一多的罪行

第十一章　CHAPTER 11

⑪ 转战陕北迎解放
两地传书革命情

周恩来、邓颖超回到了延安。

在枣园他们住的窑洞里，周恩来脱去西装皮衣，邓颖超换下旗袍，两人穿上延安的灰布棉军装，开始紧张的备战工作。

中共中央预料，蒋介石要对延安下手，大规模的内战不可避免地来到了。

1947年3月11日，国民党空军突然飞到延安上空狂轰滥炸，蒋介石用了六天时间，五十几吨炸药，把延安炸成一片火的海洋，面目全非。

周恩来和中共中央的领导人从枣园撤离。毛泽东决定撤离延安但不撤离陕北。他说："我留在陕北，蒋介石就不敢把胡宗南投入别的战场，我来拖住他的'西北王'。"

毛泽东和跟随他转战陕北的妻子江青为了轻装上阵，决定把他们的女儿李讷交给邓颖超代为照顾。周恩来特地给邓颖超写了信将"小伢子"李讷托付给妻子。

这时，周恩来负责整个机关的撤离转移，邓颖超则带领中央机关三十多人的家属队撤离。这支家属队多是一些领导干部的妻子儿女，还有一些老同志。

邓颖超此时患了心脏病，脸上腿上都肿了，一摁一个坑。可为了革命工作、为了革命后代，她还得挑起家属队这副担子。周恩来特别不放心，他把从1945年起就跟着自己的老实可靠、做事细致的警卫员成元功派到妻子身边，叮嘱他："大姐身体有病，你要照顾好她，一切全拜托你了。"

家属队中大多是妇女儿童，最小的孩子只有九个月，从延安出发到山西，要经过黄河。黄河水奔腾狂野，走到黄河边，大家都有些害怕，邓颖超镇定地安抚大家，并召集大家宣布了她临时定的纪律，以防队伍涣散，带来更大危险。路上还多次遇到敌机轰炸，邓颖超立刻命大家卧倒，不要惊慌，她还用自己的身体护住"小伢子"李讷。在转移途中，李讷对邓颖超产生了深厚的感情，称她为"周妈妈"。

邓颖超带领家属队转移，危险频频；而周恩来则跟随毛泽东转战陕北，更是危机四伏、险象环生、几临险境。

一次，周恩来同毛泽东、彭德怀正在讨论陕北转战的具体军事部署，突然飞机抛下两枚重磅炸弹，就在石窑洞前不远处爆炸，响声震耳，气浪袭人。

毛泽东、周恩来坚持留在陕北，"运筹帷幄之中，决胜千里之外"，在窑洞里指挥了全国的战争。正如周恩来所说，毛主席是在世界上最小的司令部里，指挥了最大的人民解放战争。

3月28日，周恩来去晋西北布置工作，临行前给妻子写了一封信，告知"……当晚便过河，风吼水哮，波浪特别大……"。

邓颖超奉命留在晋绥参加土地改革工作，接到丈夫的信后，她当日便给丈夫回了信："……近日不断从各战线传来捷报，殊令人振奋也。我过数日后去参加本乡的土地工作……你在可能时……早些睡，早些起，保持健康，好作长期奋斗！"

邓颖超对丈夫的牵挂跃然纸上，她知道丈夫的性格，最担心他劳作过于辛苦。

毛泽东用兵如神，巧妙运用"蘑菇"战术，把敌人折磨得筋疲力尽，继而全歼。西北战场连续几次大捷都狠狠打击了胡宗南的气焰，这些胜利都是在毛泽东指挥下，周恩来不辞劳苦地具体实施、具体指挥取得的，其中的劳累不言而喻。

周恩来在协助毛泽东制定中国人民解放战争从战略防御到战略进攻的方针策略并实施的过程中，仍在百忙之中关心着妻子的工作和烦恼。邓颖超常常把自己在参加土地改革中遇到的事，在信中向丈夫倾诉，为了帮助邓颖超解决在土地革命中遇到的政策性问题，周恩来多次写信，帮助她具体分析。

在解放区军民大反攻的胜利形势下，迎来了1947年的中秋节，周恩来在《关于时局问题的报告》中提出一个响亮的口号：打到蒋管区，发展解放区。晚上，周恩来和中央领导人毛泽东、任弼时等席地而坐，对月谈天说地，心情格外舒畅。

此时忙中小憩，他分外思念妻子，便写了一封长信，信中说："超：今天是八月中秋，日近黄昏，月已东升，坐在一排石窑洞中的我，正好修写家书寄远人。""山居过节，居然也能吃到两块月饼，几串葡萄。对月怀人，不知滹沱河畔有无月色可览，有无人在感想？""九个年头了，似乎我们都是在一起过中秋的，这次分开，反显得比抗战头两年的分开大有不同。不仅因为我们都大了十岁，主要是因为我们在为人民服务上得到了更真切的安慰……"然后，周恩来情不自禁对邓颖超前两次来信提到的土改中的许多具体事一一抒发了自己的见解，关于妇女工作，关于农会的建立，关于党团基层组织的建立，一一道来，信很长，谈工作占了绝大篇幅。

收到厚厚的来信，邓颖超仔细地阅读，她的秘书笑着说："大姐，看情书？"邓颖超也笑了："这哪里是情书，是形势报告、工作指导！"

其实信中"对月怀人"四个字足以使邓颖超心花怒放了。丈夫寥寥几句怀念的语言，使她感到无比温馨，信中对工作政策的谆谆叮嘱和分析又使她增添了力量和智慧。

1947年的除夕，邓颖超思念丈夫的心已经飞越黄河到了遥远的西北，当同志们都已进入梦乡时，她夜不能寐，给丈夫写信。她在信中向丈夫细细述说了土改工作中遇到的一些具体政策问题，关于贫农团中存在的"一切权力归贫农团"，甚至把贫农团看得高于党组织等"左"倾错误问题；村里的宗派问题；发动群众过程中的"急性病"，主观意志代替群众意愿问题；等等。她虽然对秘书笑称丈夫的"情书"实际上是"形势报告"，但她自己在大年夜的思念何曾不是化作了"工作汇报""工作分析"。这对革命夫妻的"情书"涉及个人感情的只是寥寥数语，涉及革命工作的却长达几千字。信的最后，她说："夜已深，冬季的寒风正在怒吼，冲淡着寂静，鼓舞着人们前进的勇气"，"用热情和默念祝你除夕快乐，新年健康"。

周恩来接到妻子自中秋以来的四封信，封封来信都涉及许多土地改革中的难题。他深入研究了其中的有关问题，在审阅《关于执行〈中国土地法大纲〉的指示（草稿）》中，他特别增添了"排斥中农的过'左'倾向是非常危险的"。不久，在西北高干扩大会议上，周恩来又在形势报告中特别指出："我党历史上右倾错误时间短，易纠正，'左'倾错误时间长，不易纠正"，"你脱离群众一个人革命，敌人还不欢迎吗？""我们要掌握政策，这样才能保证我们打出去的胜利，开展大西北的局面。"

周恩来针对妻子提出的问题不仅在文件和报告中纠"左"，还专题研究了土地改革中关于地主、富农的定义和区别，贫雇农与中农问题，写下了对土改政策的深刻思考。百忙之中，他又写了两封长信，解答了妻子提出的许多问题。

周恩来在信中帮助妻子分析了土地所有关系，他认为要注意"整党与非党贫雇农及中农积极分子民主结合……来进行土改（或平分或调剂）"，"凡事要走群众路线，……既不犯命令主义的错误也不犯尾巴主义的错误"。这样的信一封不能尽言，周恩来写了两封，信中帮邓颖超将她来信中提到的两个村子的具体问题分为"三种区域，第一种是老区，土地大致已经动过，地主已经斗过；第二种是日本投降后解放的区域，土地改革还没普遍；第三种是新区，土地改革还没开始。对这三种不同的区域，应该实行三种不同的方法"。他提醒邓颖超："你现在工作的地区，似颇近于第一种"，"在此情况下，必须考虑转变斗争中心为整党、整干使党内民主与群众民主相结合。"

邓颖超接到周恩来的两封信，信中针对她提出的问题做了解答，还将中央近期工作安排告知，她因前一阶段接不到丈夫回信产生的不快顿时消除了。她知道丈夫是个感情深沉的人，尽管没有爱恋的语言，但满纸的分析折射出他的关心。她认真领会周恩来的分析，并结合自己工作的实际情况，在进行土改的同时抓了整党整干，纠正了农民中的宗派情绪，提高了党员干部和人民群众的思想觉悟。由于她领导的工作组掌握政策分析拿捏得当，工作细致，没有一户错划成分，党员干部积极性大大提高，群众利益受到最大的保护，土改工作取得了显著的成绩。

1948年4月初，在任弼时召开的土地政策和整党工作经验座谈会上，周恩来与邓颖超相见了。

分别一年又重聚首，夫妻双方心情都十分愉悦。周恩来瘦了许多，但精神焕发，邓颖超身体显然壮实了，脸也红润了。

夫妻对望着，忍不住的笑容挂上嘴角。毛泽东见他们团聚，也很高兴，打趣道："你这个后勤部长没有当好啊，这么久你连到前线来慰问一次也没有啊，可苦了恩来呀。"

邓颖超笑了，周恩来忙替妻子解围："我们常通信，也等于见面了。"

这一年多时间，他们夫妻一个转战陕北，一个忙于土改。他们之间的通信有十八封之多，每封信都盈满了浓浓的深情厚意，深情是夫妻情、战友情，厚意是革命的奋斗献身之精神。

↑ 1947年春，周恩来留在陕北协助毛泽东指挥全国各战场的人民解放战争。中央后委委员、中央妇委副书记邓颖超，随中央后方工作委员会转移，先后参加阜平县农村的土改工作和全国土地会议，夫妻二人分别一年有余。这是他们分别前在延安的合影

↗ 1947年3月至1948年3月，周恩来同毛泽东、任弼时率中央机关和军委机关部分人员转战陕北。这是周恩来在行军途中

→ 1947年3月，蒋介石集中兵力进攻延安和陕甘宁边区。周恩来与党中央撤离延安，踏上转战陕北的征途

↖ 周恩来在转战陕北途中批阅文件

← 周恩来（前右一骑马者）和毛泽东（前右三骑马者）、任弼时（前右二骑马者）在转战途中

↑ 1947年，邓颖超在延安

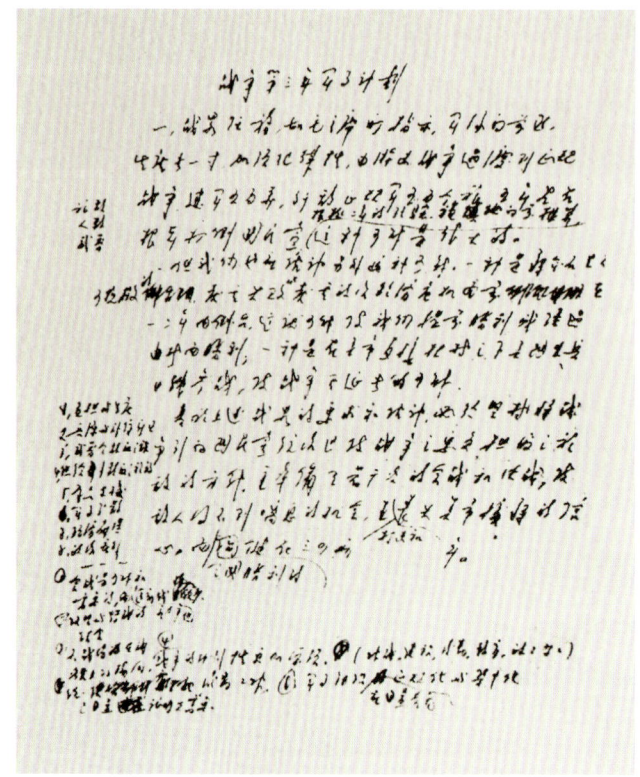

↖ 枣园周恩来旧居。1944年到1947年3月,周恩来在此居住

↑ 周恩来拟订的《战争第三年军事计划》手稿

← 1948年5月,中共中央和中国人民解放军总部从陕北迁到河北省平山县西柏坡。这是周恩来在西柏坡办公室签署作战命令时的留影

↑ 1948年，邓颖超在河北省参加土改工作时留影

↗ 1949年2月，周恩来和邓小平、谭震林、饶漱石等在西柏坡

→ 1949年2月，周恩来和原国民党将领傅作义（右三）、邓宝珊（右四）等在西柏坡合影

第十二章 CHAPTER 12

⑫ 筹备新政同协力
海棠盛开西花厅

1949年是不平凡的一年。3月5日至13日，中国共产党在西柏坡召开了七届二中全会，这是中国共产党领导中国革命在全国范围内取得胜利的前夕召开的一次极其重要的会议。

毛泽东在七届二中全会上提出，要消灭国民党残余部队，迅速夺取民主革命在全国的全面胜利，并且提出，新中国中央人民政府的主要人员配备尚不能确定，还需同民主人士商量，但是"恩来是一定要参加的，其性质是内阁总理"。

3月23日，毛泽东、周恩来等离开西柏坡，赶往北平，他们笑称这是"进京赶考"。这时，中国人民解放军进驻已经和平解放一个多月的北平。3月25日，毛泽东、朱德、刘少奇、周恩来、任弼时等在北平西苑机场分别乘敞篷汽车检阅部队，解放军的入城受到了北平人民的热烈欢迎。

此时，已处于劣势，在战场上处处败北的蒋介石提出要求和平谈判，并且不得不隐退幕后操纵，由李宗仁任代总统。周恩来说："今天胜利已定，用战斗方式可以解决是毫无问题了，只是时间早迟而已，我们现在考虑的是如何用和平方式达到胜利，以便使国家少受破坏，多保存一些人力物力，使将来的和平建设多一份物质力量。"

周恩来再一次代表中共中央同国民党政府谈判，这一次地点是在中共军队已占领的北平，张治中是国民党方面首席谈判代表。

中共提出了八项和平条件，要求惩办战争罪犯；废除伪宪法；改编反动军队；没收官僚资本；改革土地制度；废除卖国条约；召开没有反动分子参加的政协会议；成立民主联合政府。

张治中对八项和平条件提出了些修正意见，周恩来表示：为使和平事业能实现，我们愿意让步。双方签定了《国内和平协定》，蒋介石看了《协定》后拍桌大骂"文白无能，丧权辱国"，拒绝接受。

蒋介石拒绝了和平，但《国内和平协定》的影响是巨大的。本着这个协定精神，在周恩来指导下，中共同国民党的一些地方政府和军事集团进行谈判，促成了绥远部董其武起义，湖南程潜、陈明仁起义以及新疆包尔汉、陶峙岳部起义。对国民党其他地区的和平解放和部分海军、空军的起义，周恩来也进行了直接、具体的指导。这些工作，有利于加速全国的解放，减少战争给人民带来的损失。

4月23日，百万雄师过大江，中国人民解放军占领了国民党统治中心南京，蒋家王朝二十二年的反动统治结束了。受毛泽东的委托，周恩来领导起草了《中国人民政治协商会议共同纲领》，邓颖超在起草小组的财经小组工作，和周恩来等共同完成这部新中国的临时宪法。

在中华人民共和国——这个中国历史上第一个人民当家做主的民主共和国即将诞生之际，毛泽东和周恩来商定，要请孙中山的夫人、国民党左派代表宋庆龄北上参加新的政治协商会议。

毛泽东、周恩来商议，派邓颖超去上海迎接宋庆龄北上。邓颖超与宋庆龄有很深的友谊，是最合适的人选。

邓颖超带着毛泽东和周恩来的两封亲笔信和廖仲恺、何香凝的女儿廖梦醒等一起奔赴上海。

她到上海的当晚即去拜访宋庆龄，三年不见，宋庆龄高兴地欢迎了老朋友。邓颖超与宋庆龄亲切拥抱后，拿出毛泽东和周恩来的信交给宋庆龄并告诉她两位领导人是多么盼望她早日北上，并说："恩来说您是'国之瑰宝'啊！"邓颖超又把新政治协商会议召开的情况告知："属于人民的共和国就要诞生了。"

北平是孙中山仙逝的地方，是宋庆龄的伤心之地，她不愿触景伤情，怕到北平。但她是一个伟大的女性，深知毛泽东与周恩来邀请的真诚与分量，在与邓颖超几次交谈后，宋庆龄决定北上。

8月28日，宋庆龄在邓颖超的陪同下到达北平。毛泽东、周恩来、朱德、林伯渠、董必武等中共中央领导人和许多民主党派的领导人都到车站迎接。

一个月后,在中南海怀仁堂召开了中国人民政治协商会议第一届全体会议,会议先后通过了《中华人民共和国中央人民政府组织法》,中华人民共和国国都、纪年、国歌、国旗的四个议案,《中国人民政治协商会议共同纲领》和关于选举中国人民政协全国委员会和中央人民政府委员会的规定。

毛泽东在会议的开幕词上宣告:"我们的民族将再也不是一个被人侮辱的民族了,我们已经站起来了。"

会议共进行了九天,周恩来当选为中央人民政府委员和中国人民政协全国委员会委员(后当选为副主席),邓颖超被选为全国政协常务委员。

周恩来、邓颖超还与全体代表一起选举出中华人民共和国主席——毛泽东。

10月1日下午两点,中央人民政府委员会在中南海召开第一次会议,周恩来在会上被任命为中央人民政府政务院总理兼外交部长。

下午3点,毛泽东和其他中央领导人、民主人士登上天安门城楼。

毛泽东用他洪亮的声音向全世界宣告:"中华人民共和国中央人民政府成立了!"

周恩来和邓颖超一起参加了开国大典,开始了新的征程。

新中国成立后,周恩来、邓颖超搬到了他们选定的居所——中南海西花厅。

西花厅是4月份周恩来偶然发现的,他去找北平市军事管制委员会主任叶剑英研究工作,叶剑英的办公处临时安排在西花厅。周恩来一进院子就被院子里盛开的海棠树吸引了。粉红色、白色的海棠花枝繁叶茂、花香四溢,他立刻爱上了这里。邓颖超也十分赞成丈夫的选择,她是个爱花之人,夫妇二人决定就选西花厅作为他们的住所。

西花厅的正厅是周恩来接待外宾和开会的地方。后院的七间房是周恩来、邓颖超夫妇居住兼办公的地方,左边两间是周恩来的办公室,中间两间是客厅兼饭厅,右边三间一间是邓颖超的办公室,另两间分别是邓颖超和周恩来的卧室。

从1949年10月起,周恩来和邓颖超就在这里工作生活,直到最后。

周恩来习惯夜间办公,因为毛泽东经常夜间办公,从转战陕北开始,周恩来就跟随毛泽东养成了夜间工作的习惯。但是邓颖超因为身体一直比较弱,医生告诫每晚必须按时入睡,这样,常常是周恩来凌晨要入睡了,妻子却该起床了。所以两人常常采取留信的办法沟通想法和信息。

每当海棠花开的时节,周恩来常常抽白天繁忙的工作间隙去庭院散散步,他通常早上入睡,只睡几个小时,中午前就又起来工作。邓颖超非常心疼丈夫的劳累,也常伴丈夫散步解除疲劳。

政务院刚刚组建,各个部委都非常需要有经验、有资历、有能力的同志担任领导,许多同志向周恩来推荐邓颖超到政务院工作,至少可以当部长。周恩来利用散步的机会对邓颖超说了此事,并表明了自己的态度:"只要我在政务院当总理一天,你就不能在政务院工作,小超,你理解吗?"

邓颖超挽住丈夫的胳膊,贴心地说:"当然理解,共产党人不是要做官而是要革命,我会全力支持你的。"周恩来为妻子的豁达而深感欣慰。

邓颖超在全国妇联工作,被选为副主席,协助蔡畅制定妇女解放的方针政策,筹备组织召开亚非妇女代表会议,还主持起草了新中国第一部婚姻法。这部反对封建婚姻、切合时宜的婚姻法,使千百万妇女和青年人得到了斗争的武器,走上了婚姻自主、婚姻自由之路,建立了美满幸福的家庭。

周恩来、邓颖超在西花厅的婚姻生活也是美满幸福的。虽然因作息时间不一致常常不能碰面,但他们还是争取有机会就一起吃饭。他们常常忙里偷闲,在天气好、周恩来工作不是太忙的时候一起去剧场看戏。他们对戏剧有共同的爱好,邓颖超还能演唱京剧老生的许多著名唱段,每当邓颖超有机会亮亮嗓子时,周恩来都大加赞许。

周恩来在西花厅生活的二十几年时间里,每一天,他的工作都排得满满的,经常第一天的事还没有做完,第二天的事就排上队了。周恩来的秘书包括财政、外事、军事、情报、文教、机要、行政等,最多时有二十多人。他们送来自己分管的请示报告、文件、统计资料等厚厚的一摞,周恩来处理完中央或外交方面的事务,回到西花厅办公室就常常忙得头都抬不起来。

每个秘书都希望自己手中的急件早点批回去,遇到特急件时,他们甚至追着周恩来上卫生间和吃饭的时间汇报。有人开玩笑说周恩来有许多办公室,除了正式的办公室,餐桌上、卫生间里、汽车上、卧室里,还有看节目、看电影、散步时,他的每一个时辰几乎都被工作占满了。

邓颖超心疼丈夫,有时秘书追到卫生间或饭桌上时,邓颖超会婉转地说:"你们那么多人都对着他一个,别那么紧追不舍,能不能给我们老两口一点说话的时间。"

周恩来办公有几个特点,一是及时,二是严格,三是细致,四是谨慎。他批阅文件要求有什么重大文件必须第一时间汇报,毛泽东有事找他,就是刚入睡也要立即叫起,灾情等重大事件不能拖延一分钟。他对文件的处理十分严格细致,引用的经典文献,他常常亲自核对,生产数字他也常亲自再算一遍。他的责任心使他对每一个文件都认真审核,极端负责。比如在审阅中印、中缅边界谈判文件时,地图上少了一个对方的驻地,一段边界画得不准确,他都能审查出来,使具体工作者十分惭愧。万事缠身的周恩来的细致、准确,让工作人员叹为观止。

有一次,周恩来为修改政府工作报告连续两天两夜没有休息,白天参加活动、开会,晚上彻夜不眠,邓颖超看在眼里疼在心里。按照约定,她自觉地不干涉影响丈夫的工作,但又对丈夫过于劳累而心里万分焦灼。这种时候,她都会几次到周恩来的办公室门前露一下头,让丈夫注意到自己,提醒他应该休息了。

周恩来的卧室也是他的办公室,每天他在办公室忙到凌晨上床休息时,手里还常常拿着没批完的文件靠在床边上阅看。批阅文件时就把文件放在腿上,很累。邓颖超见了,便自己设计了图纸,请木工做了一张斜面的小桌子,这样靠在床上办公时周恩来就舒服一些了。

为了周恩来的身体健康,使他能以更充沛的精力处理好党和国家的大事,邓颖超花费了许多心思。她自己的工作也很忙,但她始终在全力尽一个妻子的责任,时时把对丈夫的关怀、照顾放在重要位置上。

周恩来午饭和晚饭的菜单,邓颖超都要亲自看一下,由于母亲是中医,邓颖超也有些中医知识,有时她会自己根据周恩来的身体状况配一些中药调理。除了常常在周恩来办公室外露露头,提醒他该休息了,她还在自己房中安装了电铃,每当凌晨三四点钟,她醒来发现丈夫还在工作时就会按一下铃,提醒丈夫休息。周恩来听到铃声,感觉到妻子的关心,心中觉得很温馨,虽然大多时候他并不能停下手中的工作,但他脸上的笑容会使他紧张工作的神经能够短暂地松弛一下。

为了使周恩来偶尔能放松一下,邓颖超有时会在他该回西花厅的时候站在门口迎接,周恩来见了便知是邓颖超与秘书事先沟通好了,让他散散步,放松一下,于是他便会心地一笑,与邓颖超一起散步赏花。

周恩来是个行动敏捷,生活工作节奏都很快的人,散步时也不例外。他有时将两手插在胸前,健步如飞,这时邓颖超就略带嗔怪地说:"恩来,你这哪里是散步,是竞走吗?你能不能等等我。"周恩来听妻子这么说,便会抱歉地放慢脚步。

西花厅不大的庭院里留下了这对恩爱的革命夫妻许多脚印,盛开的海棠记下了他们夫妇亲密的身影。周恩来百年之后,邓颖超写的散文便以"从西花厅海棠花忆起"为题,回忆他们夫妇对海棠花的喜爱与欣赏,回忆在西花厅他们度过岁月的点点滴滴。

↑ 周恩来和邓颖超

↑ 中南海西花厅前厅

→ 1949年，周恩来和邓颖超在北平中南海颐年堂合影

↘ 1949年3月26日，邓颖超在中国妇女第一次全国代表大会上讲话

↓ 1949年1月7日，邓颖超关于成立全国民主妇联筹备会的请示（节选）

↑ 1949年3月25日,周恩来(左二)和毛泽东、朱德、任弼时、叶剑英在北平西苑机场

↓ 1949年4月,以周恩来为首席代表的中共代表团同以张治中为首席代表的国民党政府代表团,在北平举行和平谈判,图为周恩来在发言

← 1949年9月17日，周恩来在新政协筹备会第二次会议上做报告，宣布筹备工作胜利完成，正式定名的中国人民政治协商会议即将召开

↑ 周恩来（后排左一）与新政治协商会议筹备会常委会成员合影

↓ 周恩来在中国人民政治协商会议第一次全体会议上做关于《共同纲领》（草案）起草经过和特点的报告

↖ 周恩来（后排右三）出席新政协第一届全体会议，与代表们合影

← 1949年9月30日，在人民英雄纪念碑奠基仪式上，周恩来代表主席团致词

↑ 1949年10月1日，中央人民政府委员会举行第一次会议，周恩来被任命为政务院总理兼外交部部长

→ 开国大典，周恩来在天安门城楼上

↑ 毛泽东和周恩来在开国大典上
↓ 中央人民政府委员会部分委员合影。四排左五为周恩来

← 1949年10月19日，周恩来在中央人民政府委员会第三次会议上被任命为人民革命军事委员会副主席。图为人民革命军事委员会成立时部分委员合影。前排左二是周恩来

↑ 海棠花前的邓颖超

↗ 1953年9月12日，周恩来和毛泽东在中央人民政府委员会第二十四次会议上亲切交谈

→ 1952年，周恩来和邓颖超在西花厅合影

↑ 新中国成立后,周恩来肩负人民的重托,担任政府总理26年,初期还兼任外交部部长,并任中共中央副主席、中央军委副主席等职。这是1954年9月,他在第一届全国人民代表大会上

↖ 1954年12月，周恩来当选为政协第二届全国委员会主席。这是他在会议上做政治报告

← 周恩来打乒乓球

↑ 周恩来携邓颖超及工作人员踏青时的精彩的瞬间

第十三章 CHAPTER 13

⑬ 互敬互助为表率
廉洁律己做公仆

在周恩来、邓颖超长达五十多年的夫妻生活中，有一个准则是自然而然形成的，他们两个一直严格遵守，这就是在抗日战争期间他们送给青年夫妻的"八互"。

他们自己就是"八互"的表率。

"八互"主要是在工作上互敬互助，相互支持与理解；生活上互爱互谅，相互爱护与包容。

他们的相互支持首先是在工作上。

新中国成立后，周恩来兼任外交部部长，我国与新建交的社会主义国家和友好邻邦之间外交往来很频繁。按照国际上习惯的外交礼仪，若外国首脑或是友人来访，凡对方携带夫人出席的，我方也理应有夫人作陪，每当这时候，邓颖超不管自己身体是否舒服都是尽可能地出席作陪。有时，按照外交礼仪应由邓颖超出面招待的外国友人，比如有一次坦桑尼亚副总统的夫人来访，邓颖超接站后突发心脏病，周恩来便代表妻子主持了妇联的招待会，这对邓颖超的工作是有力的支持。

邓颖超在新中国成立后的妇女工作中不断取得新的成绩，蔡畅生病期间，邓颖超就主持妇联的全面工作。新中国成立后，她陆续主持参加了妇联的执委扩大会议，并在会上做了《关于城市妇女工作的几个问题》的报告；在全国宣传工作会议上做了《关于妇女宣传工作问题》的报告；到莫斯科参加了国际民主妇联理事会；针对工商联家属和女工商业者召开了代表会，之后她协同蔡畅又在北京召开国际民主妇联理事扩大会，等等。

在北京召开的国际民主妇联理事扩大会有四十八个国家参加。邓颖超在会上做了报告，总结了殖民地半殖民地妇女运动的经验，介绍了中国妇女正在以崭新的面貌参加新中国的建设，为创造美好明天而奋斗。

周恩来代表政府，举行了盛大的招待会，宴请国际民主妇联理事、代表和工作人员。邓颖超在宴会上和丈夫一起向宾客举杯祝酒。世界各国的妇女代表都心怀仰慕地望着他们夫妇，在这对风度翩翩的夫妻身上，她们看到了新中国领导人的风采和朝气蓬勃的精神风貌，看到了一个真实的、前进中的新中国。

周恩来和邓颖超在工作方针的制定上特别重视调查研究。

1961年春，周恩来和邓颖超一起坐火车到邯郸调查研究。周恩来听取了河北省委和地委负责人的汇报，邓颖超听取了区妇联和市妇联的汇报，然后他们又一起到最基层的大队与农民交谈，与基层干部、党团员交谈，还深入到供销社、春耕生产第一线的田头地里与劳动着的社员谈心。经过他们深入群众的调查研究，了解到许多第一手的材料，对农民生活生产的许多具体问题有了切合实际的认识。他们认为违反群众意愿的公社食堂不能再办下去了，基层干部不能光抓生产，也要抓生活。

回到北京后，周恩来主持国务院有关会议并把调研的情况汇报给中央，6月份《农村人民公社条例》正式公布，党中央和国务院采取了一系列稳定农业生产的方针和政策，促进了国民经济的恢复和发展。

互爱互谅，更多地体现在生活的细微之处。

周恩来和邓颖超在生活中的许多细节上都表现出他们夫妇之间无限的关怀与深情。有一次邓颖超要代表中国妇女参加一个国际会议，按照惯例总理是要跟出国人员谈话的，平时连谈话机会都很少的夫妇终于可以"假公济私"一次了，邓颖超心里盼望这难得的与丈夫长谈的机会，可是直到她出发了，周恩来也没找她谈话。

邓颖超有些不开心地坐上汽车准备去火车站，没料到周恩来也在车里，到了火车站，周恩来竟也跟着上了火车。车动了，邓颖超终于沉不住气了，急着说："车就开了，你怎么还不谈话，有什么要求赶快告诉我。"

周恩来笑了。原来，周恩来为能与邓颖超多待一会儿，把去天津同市领导谈工作的出发时间精心地安排成与邓颖超同时出发，这样国际列车从北京到天津，他可以与妻子一起待上足足两个多小时。知道了周恩来的苦心与"顽皮"，邓颖超高兴地笑了。

周恩来颇有些得意地对她说："咱们俩都太忙，没机会聊聊，这样安排不是很好很别致吗？没人会打扰咱们。"

邓颖超从苏联开会回国，又在天津下车，与正在那里做调研工作的周恩来到觉悟社旧址、南开中学旧地重游。周恩来对邓颖超感慨地说："想到那么多牺牲的战友，我们活着的人怎能不努力工作。"

周恩来、邓颖超夫妇两人感情至深，爱得热烈，爱得浪漫，而又那么富有革命激情，使人为之动容。

周恩来英俊儒雅、风度翩翩，在东西方人眼中都是美男子，尤其是他的学识、品格，文人气中又不失军人的威武更是令人倾慕不已。而邓颖超年岁大了，身体又不好，很多人心中常有疑问：他们的爱情是如何保鲜的。周恩来和邓颖超的爱情能够持久永恒，很重要的一点就是他们对爱情的专一。邓颖超处处关心丈夫，周恩来对妻子也十分体贴、爱护。比如，他开会回来晚了，意识到邓颖超已经睡下，他就会让汽车远远地停下，自己小心翼翼地下车，轻手轻脚地回屋，生怕吵醒了邓颖超。一次周恩来在西花厅办公室召集几位副总理开会，李富春还没到，周恩来赶紧迎出门去，示意李富春轻轻地走进办公室，因为周恩来太了解这位昔日巴黎的"同窗"，他热情洋溢，走路时喜欢皮鞋踏出有节奏的声响，周恩来怕他的皮鞋声会影响邓颖超休息。

还有一次邓颖超做完妇科手术回西花厅，细心的周恩来怕门口的台阶太高，邓颖超身体虚弱会滑倒，便请秘书和卫士用藤椅把她抬过台阶。邓颖超知道是丈夫特地嘱咐的，眼睛不禁湿润了。

周恩来和邓颖超的互爱还体现在他们的书信上。他们夫妇一生中与信件十分有缘：有缘由信件定下终身；有缘在信中倾诉思念；有缘在信中研讨工作。他们一生中留下百余封书信，涉及他们风雨五十年生活战斗的方方面面，其中最让人印象深刻的就是字里行间充溢着爱：对爱人的爱、对战友的爱、对亲人的爱、对祖国和人民的爱。

新中国成立后不久，在战争中落下许多疾病的邓颖超，因心脏病加重，组织上决定要她去西湖休养一些时日。杭州是个风景秀丽、山川优美的地方。邓颖超冒雨拜岳庙、游西湖，又登上了孤山，此景此情使她分外思念远方的丈夫，她摘下孤山的梅花、茶花、红叶、翠竹各一片叶瓣寄往北京，又修书说："鸾……春风和煦，已带来温暖，令人心情精神为之爽振，……山顶眺望，全湖在望，殊为大观。湖滨山岭，梅花盛开，红白相映，清香时来，美景良辰，易念远人。特寄上孤山之梅、竹、茶花、红叶各一，聊以寄意，供你遥领西湖春色也。……"

周恩来在百忙之中致信妻子："超：西子湖边飞来红叶，竟未能迅速回报，有负你的雅意。忙不能做借口，……只是懒罪该打……南方来人及开文来电均说你病中调养得很好，颇慰。期满归来，海棠桃李均将盛装笑迎主人了。……"

邓颖超回复说："来：不像情书的情书，给我带来了喜慰。……此间湖山之地有五多：山多、庙多、泉多、花多、茶多。大小可游之处甚多也。……我在期满后可能先归，……先寄语桃、李、海棠，善备盛装迎接主人呀。……"

周恩来复又回信道："超：……说我写的是不像情书的情书。确实，两星期前，陆璀答应我带信到江南，我当时曾戏言：俏红娘捎带老情书。……你如在四月中北归，桃李海棠均将盛开。……忙人想病人，总不及病人念忙人的次数多，但想念谁深切，则留待后证了。"

一来一往，书信传情，情真意切，景与花的描述衬托了夫妻两人的浪漫情怀，这样的书信在《周恩来邓颖超通信选集》中不胜枚举。

三年后，周恩来飞赴广州审核修改第一个五年计划的草案。在一次外出时，他偶然看见他和邓颖超结婚时住过的广卫楼，思念和感慨之下，提笔修书："超：……昨天车过广卫路，发现了广卫楼，快三十年了，不能不引起回忆，……""许多同志问到你，我也有时想到你……"

邓颖超正在病中暂未复信，又接到周恩来一封信后，于是复信道："恩来——我亲爱的老伴：这次既未能与你同行一游旧地，倘又无只字复你两次来书，岂非倍增歉憾？！病后试笔,特书短笺寄意。羊城,是多么值得纪念和易引起回忆的地方!它是我们曾和许多战友和烈士共同奋斗过的地方,又是你和我共同生活开始的地方。三十年前你和我是天南地北害相思,这次我和你又是地北天南互想念。三十年来我和你的共同生活,多是在患难与共、艰苦斗争、紧张工作中度过的……可惜我因病不能偕行与你共游旧地,但我仍为你喜且羡,每在静默中心向往之,当和你有不少共鸣的回忆……"

伟大的爱情若与对革命的忠贞融合在一起,与几十年的共同患难生死纠缠在一起,又岂是一般卿卿我我的小情小爱所能比拟的?周恩来与邓颖超的爱情和他们几十年共同奋斗的历史一样闪烁着理想、信念的光芒,正如邓颖超一首小诗中所书:

夫妻庆幸能到老,

无限深情在险中。

相伴相伴机缘少,

革命情义万年长。

周恩来和邓颖超的婚姻生活中也有寻常人家都遇到的亲属问题。周家是个大家族,周恩来与邓颖超没有子女,但周家的子侄很多,怎样既照顾亲友而又不违反原则,也成了他们夫妻生活中的一大问题。邓颖超没有什么至亲,于是主动承担起照顾周恩来亲属的任务。

如何处理周恩来和亲属之间的关系,使他们既能感受到亲情,又不影响到他们的正常工作,邓颖超颇费心思。

周恩来兄弟三人,大弟弟周恩溥早已病逝,留下寡妻王兰芳和侄子周荣庆。王兰芳是个要强的女人,起先以做保姆的收入维持生活,后报名参加解放军,成为中央军委保育院的一名保育员,后在减裁女兵时,复员回家与儿子一起生活。她生活困难,但从不向周恩来和邓颖超提起,对自己要求很严格。

周恩来和邓颖超对王兰芳十分关心,每月寄生活费,二十年从不间断,并把她接到北京看病,负担她的医药费。

周恩来的小弟弟周同宇在北平刚解放的时候就从天津到北平拜见兄嫂。对周同宇夫妇参加革命工作的愿望,周恩来很赞成,但他要求他们先去华北革命大学学习后再由学校分配工作。他们当时有四个年幼的孩子,后来又生下两个,共有六个,这六个侄儿侄女,邓颖超负责起了教育、照管的责任。

邓颖超对亲友物质上的帮助,都是用她与周恩来的薪金支付,从不沾公家一分钱的便宜,也从不拉关系、走后门。邓颖超在帮助亲友时体现了一个母亲般慈爱的胸怀和共产党员严于律己的原则。她用关心爱护又严格要求的方法,圆满地处理了周家这个大家族的许多亲属的生活问题,使得周恩来这个既一心为国效力,又对亲人有一颗爱心的国家总理免除了后顾之忧,可以全心全意地投入国事之中。周恩来多次感动而真诚地说:"周家是个大家族,亲戚们来找我的太多了,都是小超帮我安排,不让我操心我的家事,我真谢谢她。"

生活上安排好了,政治上也要从严教育。周恩来、邓颖超在亲属的教育问题上,从来不马虎。

周恩来的侄女周秉德曾回忆到伯父伯母给他们上的一次家史教育课:"先是七妈(周恩来在周家大排行中排七,故称邓颖超为七妈)给我们讲怎么正确处理家庭中的关系,如何看待劳动,党团员和非党团员的关系和组织性、纪律性的问题。"然后一大家子人围坐在饭桌边吃饭,"(大家)吃得很香,七妈、伯伯不断招呼大家:多吃菜,别客气。不到半小时,大家饭饱汤足,知道伯伯事太忙,很快又回到客厅大家落座的位置,等伯伯讲话。"

周恩来双臂抱在胸前,边踱步边以提问的方式开了头。他讲了他们这个周家大家族的祖上是谁,从曾祖父直到下面如何排的辈分,每一支的生活状况,在旧社会受封建思想的影响和旧社会生活的艰辛,还讲到共产党人也是要认祖归宗的,但为了国家土地资源,他找本家开会,带头平了祖坟。他讲了对旧家庭一步一步怎样提高认识,"要背叛封建家庭,投降无产阶级"。谈话中周恩来问道:"听你们七妈说,你们都想去听我给大学生讲'过五关'的报告,七妈没答应是对的,凡事应按组织原则办。下星期,我专门为家里人讲一次,你们是近水楼台先得月,我则是尽义务吧!"

周秉德感慨地说:"在那个年代,我们从未想过因为有个当总理的伯伯可以开什么后门,生活、工作上得到什么特殊照顾,但很看重政治上能得到伯伯直接的关怀和帮助,因为他太忙,像这样一次两个小时与家人谈话的机会实在是太难得了。"

这次家庭会议过后几天,周恩来兑现了他专为亲属讲一次"过五关"的承诺。他们夫妇召集亲属到西花厅,要求大家"否定封建的亲属关系,创造新风气","多与生产劳动者接近",要过"五关",这五关是:"思想关、政治关、家庭关、社会关、生活关"。生活上要艰苦朴素,多想想如何一心一意为人民服务,培养无产阶级感情。要在工作和生活上向工农兵看齐,以工农兵的标准为标准。

周恩来、邓颖超对待亲属一向也是严要求,他们的侄子侄女们住在寄宿学校,放暑假时,常到西花厅在周恩来这里住上几天。一次放暑假,侄子周秉钧想到有行李不好拿就给七妈写了封信,希望来车接。但邓颖超没有派车,她对孩子们说:"汽车是国家给伯伯工作用的,你们是普通学生,不能享用,懂吗?"这使周秉钧深受教育。

严于律己是周恩来、邓颖超的为人作风。

他们夫妇对亲属要求严格,对自己要求更是严格。

生活上，他俩艰苦朴素。周恩来从少年时期就在南开学校接受了校训，很注意自己的仪表，不论在什么样的条件下，都尽可能把自己弄得干净整齐。新中国成立后，他作为国家总理和外交部部长，要代表国家进行各种外事活动，更加注意自己的仪表风范。他认为自己是代表中国人的，所以衣着上要特别能"表现中国人的面孔"。因此周恩来对衣料的选择和款式的定做都很细心，布料一定要国产的，样子一定要中山装，但是即使这样，他也是尽可能地节省。

周恩来进城后做了两件毛呢的中山装，冬季穿；夏季做了卡其布的蓝色和灰色的中山装，衬衫是白布做的，这些衣服一直穿到破了还在穿。尤其里面穿的衬衫，常常是补了又补，因为是穿在里面，不会影响形象，周恩来总舍不得做新的。一次出国去埃及访问，大使馆的女同志热心地来帮周恩来洗衣服，看见他的衬衣上打着许多补丁，难过地问卫士："怎么能让总理穿这么破的衣服？"大使夫人自己出钱买了三件衬衣送给周恩来，周恩来没有接受。大使夫人说："我们是拿自己的钱买的。""那也是国家的外汇呀。我的衣服破一点，还能穿。"周恩来说。周恩来的卫士们都知道，周恩来从不要出国补助，他从贴身所穿的背心到衬衫、外衣裤、鞋袜、手表、睡衣、牙具，所有物品都是国货。他对几内亚总统杜尔说，我从穿的衣服、鞋子到戴的手表一律是中国货，说明我们的国家在解放后主要靠自己的力量，克服了种种困难，发展了民族工业，才强大起来。一个国家有外援只是辅助，靠自己的力量才能真正独立、强盛。

周恩来洗脸用的毛巾用得没有绒毛，破了从中间剪开反过来对缝上又用。擦脚巾是用废纱布缝起来用，漱口杯子是抗美援朝时期印有"保家卫国"字样的搪瓷杯，一直用到他去世。

为了减少衣服的损耗，周恩来每次办公都细心地戴上袖套，衣服穿破了就让卫士去王府井请老师傅织补。衬衣破了，一定不能露出破的袖口，袖口要换新的。周恩来既节约又不能影响中国人形象的概念，深入到他身边每一个工作人员的心中。周恩来在20世纪60年代到70年代都没穿过新衣，直到20世纪70年代有外宾发现了他的衣服是织补过的，才在卫士的一再要求下，做了一套法兰绒的中山装，这套中山装一直穿到他离开人世。

邓颖超和丈夫一样，衣着简朴。周秉钧谈到这样一件事，他在端详一张旧照片时，发现"七妈右手袖口，那经常挽起的位置已经折起一个破洞，这就是她在家的'休闲装'。""两位老人家的衣服都是穿了十几年或几十年的，内衣内裤都是补了又补的。"

在吃的方面，周恩来邓颖超从来是公私分明。身为国家总理，周恩来宴请客人很多，国宴、政府的招待会，是公家花钱，但如果他以个人名义请客，无论请的是外宾、国际友人还是国务院部委领导，或是工农兵代表、工作人员，他一律自己掏钱，用他和邓颖超的工资付费。

在外出工作时，有时吃个工作餐，他也一定要付钱。有一次在北京饭店接见完外宾，周恩来有些饿了，便与卫士一起吃了一个客饭。吃完饭，卫士忘了付钱，周恩来临上车前知道了，生气地批评道："要公私分明，马上送去。"周恩来一生奉献，严于律己，即使在日常生活中也没有占过公家一点便宜。

周恩来和邓颖超吃饭还严忌铺张浪费。他出门工作，走到任何地方都严禁超标吃饭。一次到长春，他的秘书和卫士对接待的管理员说了周恩来的要求，但管理员以为不过是说说而已，便超标准地上了菜。周恩来生气了，邓颖超亲自找来管理员向他细致交代了不能超标的原则。管理员激动地说："大官见多了，大家不过是说说，并不严格遵守，还没见过总理这样一是一、二是二的首长，我算是佩服了。"

他们吃饭不仅不铺张而且不浪费，连掉在桌子上的一粒米，周恩来也要用筷子夹起来吃掉，甚至菜盘里的剩汤汁也不浪费，而是用开水冲一冲喝掉。在周恩来的影响下，他身边的工作人员也养成了不浪费的好习惯。

周恩来和邓颖超特别反对特殊化。比如周恩来到杭州参加中央工作会议时，当地交际处的同志发现他喜欢吃青菜，就给他带了两筐。卫士们推辞不了，便带上了飞机。

周恩来知道后非常生气，严厉地批评卫士："我和你们讲了多次，不准往回带东西，为什么不听？""我能吃到新鲜菜，老百姓吃不到，这就是搞特殊。我们自己制定的规矩，自己要带头遵守，否则与国民党有什么区别？"周恩来气得连饭也没吃，给卫士们留下了难忘的深刻教训。

周恩来和邓颖超处处对自己严格要求。1960年，他们在广州从化学习期间，主管行政的秘书对年久失修的西花厅进行修缮，把腐朽有危险的小梁柱换了下来，还换了个顶灯，换了新窗帘。周恩来看到后，严肃认真地对秘书说："修房子我不反对，但为什么修得那么好？别的地方没有修，我自己住的地方修得这么好，影响不好。要求别人做的，我自己首先要做到，不能有丝毫特殊化。"

之后，在周恩来的要求下退回了顶灯和新窗帘。周恩来还两次在国务院的会议上做自我批评："我要求勤俭节约，自己没有做到。"周恩来严于律己、勤俭节约的好作风使党内干部深受教育。

周恩来、邓颖超在生活上低标准，向老百姓看齐，甚至还不如一些老百姓标准高；工作上他们都是高标准、超负荷，全心全意为人民服务。很多人注意到晚年的周恩来胸前一直别着一枚"为人民服务"的徽章，这五个金光闪闪的字就是他一生为人民做公仆的写照。

↖ 周恩来和邓颖超总有说不尽的话题

← 邓颖超、蔡畅等妇联领导在第三次全国妇女代表大会主席台上

↑ 1950年3月8日，邓颖超为《人民日报》撰写了纪念"三八"节社论《学会本领做好工作》

↑ 20世纪50年代初，周恩来和邓颖超在西花厅合影
↗ 1952年，周恩来在西花厅家中为六叔周嵩尧过八十大寿
→ 1956年4月，周恩来同亲属在西花厅合影

↑ 1956年4月,周恩来、邓颖超会见国际民主妇联理事欧仁妮·戈登夫人

↗ 1956年7月,周恩来和邓颖超同阿尔巴尼亚驻华大使那赛及其夫人亲切交谈

→ 邓颖超会见来华访问的各国妇女代表团

→ 1956年，周恩来和聂荣臻等主持制定了新中国第一个科学技术发展远景规划，确定了"重点发展，迎头赶上"的方针。这是他同科学家们在一起

↓ 1958年9月，周恩来在开滦煤矿井下了解作业情况

↘ 1959年6月6日，周恩来视察石家庄市井陉矿区时，利用候车时间在麦田拾麦穗

↑ 1961年春,周恩来在河北武安县伯延公社调查农村食堂问题时,向当地的老农了解情况

← 1961年春，周恩来深入河北磁县农村调查研究

↙ 周恩来坐在一家农户门槛上，和农民拉家常

↓ 相濡以沫的爱

第十四章 CHAPTER 14

14

大爱融化在人间
五洲四海传友谊

周恩来、邓颖超严格得近于苛刻地对待自己，但对于同志，对于他人，却给予无限的爱。正如邓颖超在文章中所说："把爱融化在人民中间，融化在朋友中间，融化在青少年间。"他们的爱情之花并不限于个人生活的小天地，而是根植于为人民谋取幸福、为人民服务的无限广阔的沃土之中。

周恩来、邓颖超一生为国为民，身体力行，与人民群众心连心，他们对人民的爱，体现在为党和国家制定的大政方针上，也体现在对普通人民群众的关爱上。

地震水患等自然灾害是危害人民生命财产的天灾。周恩来在任期间，对于治理水患，兴修水利，下了很大力气。他三到三门峡，并亲自考察了三门峡水坝工程。为了治理黄河、长江、海河、淮河等几条河流，化灾为利，造福人民，他多次与水利工作者研究，激励大家为人民兴修水利。

1966 年发生邢台地震，刚刚上床休息的周恩来被大地的颤动惊醒，立即起床询问情况，并于当日安排了救援方案，采取了紧急措施。第二天他不顾余震的危险，亲自奔赴灾区视察。当时，余震不断，天色阴暗，狂风呼啸，大家担心周恩来的安全，劝他去避一避，可周恩来拒绝了，他细致从容地布置了救灾工作，妥善处理了紧急情况下的种种问题。他还亲临重灾村白家寨慰问灾民，一共走访了五个重灾社队，哪里有受灾的群众，哪里就有周恩来。他那亲切的话语和伟岸的身影，给了当地人民极大的温暖和力量。

对于各种疾病的防治，特别是急性传染病和癌症等，周恩来十分重视，多次要求医疗单位的同志要到地方病严重的地方去，到流行病高发的地方去。他每日都要看《疫情报告》，时时刻刻关心人民的健康，甚至到了生命最后的时刻，他还不忘云南一些癌症高发区的防治工作，要求医生拿自己的病做数据参考，为癌症的防治做点贡献。

周恩来，心中装着天下的人民，唯独没有他自己。

周恩来和邓颖超身居国家领导人的高位，中央对他们的保卫工作非常重视。周恩来特别反对不让他直接接触人民群众的做法，他曾经说："目前我们保卫首长的所谓某些办法是有缺点的，老百姓想见做'官'的是多么难啊！"周恩来非常重视信访工作，要求国务院信访部门的同志不要有衙门作风，"封建王朝门口还挂一面鼓，可以让百姓击鼓鸣冤，何况我们是人民的公仆"，要认真听取老百姓的心声。

周恩来常常不跟公安警卫部门打招呼，就直接走到人民群众中去。他置身人民群众中间，直面老百姓的呼声，了解百姓的生活。他甚至与北京市民一起乘公交车，到王府井、北海公园，走到群众的人堆里去倾听、交谈。

公安部长罗瑞卿担心周恩来的安全，找到他说："总理，我要向你提出抗议。"周恩来说："抗什么议，你们的规定把我和群众隔开了，我在群众中是最安全的。一个共产党的总理如果在群众中不安全，那说明他的工作没做好。"

周恩来和邓颖超，走到哪里都时时牵挂着人民的生活。他们在广州从化发现社员群众没地方洗澡，便要求大队干部为社员盖澡堂，夫妻两人还带头各捐了一百元钱。

周恩来和邓颖超的言行举止充满了对人民群众深厚的爱，他们密切联系群众，一生勤政爱民，深受人民群众的爱戴和敬仰。

"把爱融化在朋友中间"，是周恩来和邓颖超的又一个"大爱"的体现。周恩来和邓颖超一生交朋友甚广，除了党内的战友、同志外，从爱国民主人士到国际友人，从文艺界知名人士到平民百姓，他们都以至诚的爱心去对待，留下了无数的佳话。

国民党左派人士中，很多人是周恩来、邓颖超的好朋友，包括孙中山夫人宋庆龄、廖仲恺遗孀何香凝、国民党政府谈判代表张治中、率部起义的国民党将领程潜、著名诗人柳亚子等。周恩来在大革命时期是黄埔军校的政治部主任，他的学生和同事中不乏正直的国民党人和爱国民主人士，周恩来、邓颖超多年来与他们保持着良好的友谊。张治中将军在北京作为国民党政府的谈判代表，与中共方面签订和平协定后，周恩来知道他回去必受蒋介石所害，就劝他留在北平，他顾虑自己的妻小，没想到周恩来安排妥当，将他的家人早已秘密接到北平，令他感动不已。民主人士马寅初在周恩来的引导下，走上革命的道路，新中国成立后因人口问题受到错误批判。他患了癌症后，在周恩来的关照下，顺利动了手术，多活了十年，看到了自己政治名誉的恢复。郭沫若在"文化大革命"中被批后身体不好，周恩来去看望他，怕他走路不稳会摔倒，特地安排给他的房间铺上地毯。周恩来到上海"公干"，常常带着秘书去看望廖仲恺的女儿，在她家里打打"牙祭"。

周恩来待人如春风拂面般的温暖，儒雅的风度，使他交友甚广。国际友人斯诺、斯特朗、史沫特莱等人从抗日战争时期就认识了周恩来夫妇，之后与他们一直保持着多年的友谊。斯诺在《星期六晚邮报》上撰写了一篇文章，记述周恩来和他的妻子邓颖超："他绽开了友好的笑脸，甚至还露出了洁白的牙齿，蓄着一把中国人少有的浓密的大胡子。""她是一个文雅的知识女性，言谈有条理，思想很丰富。"英国记者詹姆斯则写道："他有天真的美丽，有演说天才的魅力"，"这样的人如果不是一个革命家，就一定是一个艺术家。"史沫特莱则写道："他知识渊博，目光远大，论人断事都不带宗派色彩。""他站立时身体笔直，看人时目不斜视，他对外国人、对政府的高级官员，像对他本党的党员一样，经常以一种能够解除对方顾虑的坦率直言无讳。"英国记者贝特兰写道："非常喜欢周恩来，他是我所碰到的最贤明的中国人之一。"正因为周恩来和邓颖超的个人风格和魅力给众多外国记者留下了深刻的好印象，使得他们对中国共产党人有了深入了解的愿望，在深入了解后写出了大量客观公正的正面报道，给我党在执政前的形象做了广泛的国际舆论宣传，使得中国共产党人为民族为人民的宗旨广为国际上所知。新中国成立后，周恩来和邓颖超仍与他们保持联系，他们对新中国的建设亦做出了不少宣传报道，在国际上产生了良好的影响。美国记者斯诺也因此与中国人民结下了深厚的友谊，

甚至要求去世后把骨灰留在中国大陆，周恩来亲自安排了他的墓地，并出席了他的骨灰安放仪式。

周恩来与国际友人的交往还体现在他的外交工作上。他是新中国第一任外交部部长，不兼任外交部部长后仍以国务院总理身份主管外交工作。新中国的外交工作是周恩来奠定的基础。新中国良好的国际影响和友邻友邦以及与第三世界的友谊是周恩来以他超群的外交才能、卓越的国际交往经验以及他个人超凡脱俗的魅力建立起来的。而打破与世界经济强国交往的坚冰，实现中美、中日关系正常化，也是周恩来柔中有刚，既坚持原则又求同存异的处理方针的成功。

1954年，中国代表团应邀参加日内瓦会议。这个会议主要有苏、美、法、英、中五国参加讨论，解决朝鲜和印度支那问题，其他国家也派了代表参加。

这是新中国成立以来第一次以大国身份参加的重要国际会议，会上将是一场复杂的多方面参与的外交斗争。很多国家都注视着新中国在国际舞台上的第一次亮相。当风度翩翩的周恩来带着中国外交代表团出现在机场时，外国记者惊讶地发现，过去他们印象中的中国共产党人是"土包子"，而眼前的中国外交官却是那样的自信、潇洒，服装整齐、步履矫健，外国记者说："这是一位出色的外交家率领着一批年轻的外交家。"

在日内瓦会议期间，周恩来敏捷的思维、雄辩的口才和儒雅的风度，以及娴熟的外交能力，使与会各国代表团成员为之折服。比利时外交大臣斯巴克说："周恩来可不是个平凡的人。"周恩来与英国外长艾登在会议上的交往，为中国打开了与西方贸易的大门。

周恩来与美国国务卿史密斯的交流也引起了世界的关注。史密斯是中途替换杜勒斯来到会议的，因为杜勒斯高傲自大、目中无人，命令美国代表团成员不准与中国代表握手，史密斯见到周恩来时，先点了头。这个情况引起了周恩来的重视，他说：杜勒斯的那套规定现在打破了。在另一个场合史密斯又见到周恩来，周恩来正在同别国的代表谈话。史密斯让秘书转告周恩来："中美关系是迟早的问题，中国是一个古老的国家，希望周先生有点耐心才好。"周恩来请示中央后，

在会议期间安排双方代表团人员就两国侨民和留学生问题进行了接触。会议结束后，两国在日内瓦继续进行领事级会谈，一年后又升格为大使级谈判，持续了十多年之久，这为以后恢复中美邦交谈判奠定了基础。

邓颖超在周恩来赴日内瓦期间，十分思念丈夫，特地寄去一片红叶，精心地贴上衬纸，写道："枫叶一片，寄上想念。请交恩来留念，祝日内瓦会议获得成就。"

周恩来接到信后，采摘了代表团驻地的鲜花压成标本，复信给妻子："你还是那样热情和理智交织着，真是老而弥坚"，"附上……院花，聊寄远念"。

邓颖超收到丈夫的信很高兴，她珍重地把日内瓦的干花镶嵌在镜框内，做成工艺品挂在自己的卧室里。直到暮年，她还常常欣赏着花儿，追忆她与周恩来美好的爱情。

日内瓦会议上，周恩来率领的中国代表团在外交上获得了突破性的成果，一年后，在印度尼西亚举行的亚非（万隆）会议则是新中国外交史上又一次巨大的成功。

这次亚非会议由五个亚洲国家——印度、印度尼西亚、缅甸、巴基斯坦、锡兰（即现在的斯里兰卡）发起，有亚非二十九个国家参加。这些都是第三世界国家，但相互缺少了解，尤其对社会主义新中国还有怀疑和对立的思想，只有六个国家与中国建立了外交关系。

中国政府租用了印度客机"克什米尔公主号"从香港启航飞往印度尼西亚，但周恩来等刚刚到昆明就获悉了台湾特务准备炸毁"克什米尔公主号"，意图谋害周恩来和代表团成员的消息。周恩来从昆明打电话给邓颖超，告诉她敌情仍很严重，嘱咐邓颖超务必转告罗青长，将情况查清后，让外交部通报给英国驻华临时代办杜威廉，请他们采取措施，保证中国代表团人员的安全。

邓颖超听到此消息后，心里十分焦虑，她对国民党特务的阴险狠毒在早年做地下工作时就已熟知，她立即写信给丈夫，千叮万嘱，让他小心警惕，并盼着他胜利平安归来。

"克什米尔公主号"在飞离香港后爆炸了。尽管我方已通知香港当局危险的存在，但防护措施没有到位，同机的中国代表团成员和越南政府代表团工作人员，以及随同前往的中外记者十一人全部遇难，周恩来因去仰光和缅甸总理、印度总理、埃及总理会晤，改乘另一架飞机，幸免于难。

万隆会议期间，周恩来在大会上做了关于和平共处五项原则内容的发言，表达了求同存异的主张。他希望"亚非人民团结起来，为亚非会议的成功而努力"，"全世界爱好和平的国家和人民期待着我们的会议能为扩大和平区域和建立集体和平有所贡献"。

周恩来的发言使万隆会议开始时的相互怀疑、相互争斗的紧张气氛得到改变，一股团结和平的热浪席卷了会场。周恩来的发言结束时，会场上报以经久不息的热烈掌声。

周恩来以自己真诚的态度，机敏的反应，宽阔的胸怀和不卑不亢的高雅气质在亚非会议上掀起了一股周恩来热，很多首脑都愿意与他接近。透过新中国的外交官、国家总理，他们看到了新中国的面貌，打消了怀疑乃至对立的情绪，连极为苛刻的外国记者也忍不住对"周恩来准确选择时机的外交才能"大为赞赏，称其"几乎达到炉火纯青的地步"，"是平息争端、带来和平的人物"，"是世界上最杰出的外交家之一"。

周恩来在万隆会议期间与多国首脑建立了良好而又真诚的友情，如印度总理尼赫鲁、缅甸总理吴努、埃及总理纳赛尔、柬埔寨国王西哈努克等。他还与印度尼西亚方面协商解决了几百万华侨的双重国籍问题。

当周恩来从万隆飞回北京时，邓颖超悬着的心才放下来。她当着工作人员的面，要求丈夫给她一个拥抱，周恩来给了妻子一个温暖的拥抱。

万隆会议奠定了我国与友好国家和平共处的原则基础，并把它推广到亚非国家通过的十项原则中，使中国广交了朋友，朋友了解认识了中国。

周恩来、邓颖超夫妇与文艺界人士也相交甚广。早在重庆红岩村时，周恩来和邓颖超就非常重视文艺工作在抗日统一战线中发挥的重要作用。周恩来观看了著名演员张瑞芳演出的抗日街头剧，并亲自主持南方局文化组的会议，研究怎样引导作家、文艺家走上正确的轨道。郭沫若、茅盾、老舍都是周恩来的座上客，他对抗战期间的几部著名戏剧如《天国春秋》《棠棣之花》《蜕变》《法西斯细菌》《屈原》等都有过具体的帮助。在许多剧目的创作和排演中，周恩来还在百忙之中抽时间与演员编剧互相讨论切磋，成为戏剧界长远流传的佳话。在南方局安排抗日进步人士转移时，许多文艺界人士经周恩来安排，有组织地撤离到香港，如茅盾、夏衍、以群、金山、凤子等；有的朋友则安排去了延安，草明、欧阳山、艾青、白朗等从此走上了革命的道路。

新中国诞生后，周恩来在百忙之中仍关注文艺界的成长发展。政治协商会议召开之际，他特别提名著名越剧表演艺术家袁雪芬参与其中，并特别与时任上海市委宣传部长的夏衍谈话，要他给予文学家艺术家足够的尊重，要"亲自登门拜访"。这样，袁雪芬、梅兰芳、周信芳、程砚秋被推举为特邀代表出席了政协会议。

西花厅前院的会客厅，是周恩来常常在此与国际友人会见的地方，文艺界人士也是这里的常客，如白杨、秦怡、张瑞芳等。一次，戏剧大师梅兰芳来访，周恩来提议让邓颖超唱一段，邓颖超立即大方地即兴演唱了一段老生唱段，给大家带来了欢笑，缩短了国家领导人与艺术家的距离，使周恩来紧张忙碌的神经得到了放松。

周恩来特别重视文艺在新中国建设中发挥的巨大宣传作用，强调文艺要为人民服务，文艺工作者要到工农兵当中去，汲取营养，丰富创作。新中国成立后，很多著名的文艺作品也渗透了他的心血，如昆曲《十五贯》的改编，电影《林则徐》《在烈火中永生》，话剧《茶馆》《霓虹灯下的哨兵》等，他都提出了具体意见。《茶馆》彩排时，不同意见很多，其中主要的批评意见是"缺少正面形象""灰色""怀旧"，等等。周恩来站出来为老舍说话，认为《茶馆》是一出非常好的话剧，对广大青年是一部很好的教科书。"文化大革命"中老舍含冤投湖自尽。"文化大革命"结束后，邓颖超出席了老舍骨灰安放仪式，她特意提前到了现场，说："假如恩来还活着，他今天会第一个来。""我是代表恩来出席老舍的追悼会，是替他来行礼的。"对大型音乐舞蹈史诗《东方红》，周恩来更是倾注了大量的精力，他多次接见编导、演员，与他们商讨策划，还亲临现场，甚至亲自指挥大家高歌。周恩来之所以如此重视这部史诗的创作，一方面源于他对文艺工作的重视和热爱，另一方面源于他对中国共产党浴血奋战，创建人民共和国历史的刻骨铭心的记忆。他要把这段历史用文艺的形式记录下来，讴歌红色历史，教育中国千秋万代的年轻人。

周恩来和邓颖超人品超群，待人亲切，相处真诚，丝毫没有"大人物"的架子，一生结交各界的朋友不计其数，得到他们帮助的朋友也不可胜数，可谓朋友遍天下，友谊达五洲。

周恩来和邓颖超对普通劳动人民的情感充满了爱。他们平时下基层调研时最喜欢到普通工人和农民家做客，同他们促膝而谈，谈生产聊家常，和工人农民在一起是他们最舒心的时候。周恩来、邓颖超得知北京一对普通工人夫妇去世后五个儿女成了孤儿，非常牵挂，关心地询问他们的生活状况，并亲切接见街道负责照顾五兄妹的同志，嘱咐他们好好养育这几个孩子。他还安排这五个孩子参加了国务院的招待会，把五个孩子介绍给外宾和小朋友。之后，邓颖超还常亲自写信关心他们的生活和学习。五兄妹在党的关怀下成长进步很快，他们把对周恩来邓颖超的感激之情化作学习工作的动力，成人后在各自的岗位上都取得了显著的成绩。

"把爱融化在青少年之间"是他们夫妇大爱的又一体现。

他们夫妇虽然一生没有自己的子女，但是对孩子们他们倾注了太多的爱。

他们爱烈士子女以及战友的孩子。孙炳文和李硕勋烈士的子女孙宁世、孙维世兄妹和李鹏，蔡和森与向警予的孩子蔡博，钱壮飞的孩子钱江、钱一平，李少石与廖梦醒的女儿李湄，叶挺将军的孩子，等等，都得到了他们无微不至的关心和照顾。

孙维世的父亲孙炳文是周恩来留学欧洲时的好朋友，1927年牺牲于上海龙华监狱，周恩来是他的入党介绍人。周恩来和邓颖超知道他牺牲后很悲痛，一直在寻找他的妻儿。抗日战争时期，他们在武汉八路军办事处巧遇了孙维世。周恩来十分激动，他和邓颖超把孩子接到家里，认她做了干女儿。从此孙维世得到了干爹干妈的疼爱，感到无比温暖。后来，周恩来夫妇还把孙维世送到了延安抗日军政大学学习。

李鹏的父亲李硕勋是参加南昌起义的二十五师党代表，他在就义前写遗书给妻子："勿为我过悲，惟望善养育吾儿。"周恩来邓颖超在李硕勋牺牲后，四处打听他的遗孀和儿子的下落，在成都找到李鹏后亦送到延安。在延安，李鹏成长为一名共产党员并准备上前线，周恩来鼓励他："到前线去要时时处处与群众一样，不要有干部子弟的优越感，记住自己已经是一名共产党员了。"邓颖超还找来一条旧毛毯送给李鹏，怕他行军时夜宿野外着凉。李鹏背着毛毯上了前线，周伯伯的谈话给了他力量，邓妈妈的毛毯给了他温暖。

新中国成立后，周恩来和邓颖超在西花厅工作时，他们身边的工作人员、秘书、卫士很多人都结了婚，有了自己的孩子。周恩来和邓颖超十分喜爱这些孩子，常常利用假期邀请他们到西花厅来玩耍。

周恩来和邓颖超有着无私、博大的胸怀，什么"小我"，什么是自己的，这种概念他们从不曾有过。他们把自己完全融入到整个社会、整个国家、整个民族的"大家"之中，把他们无私的、广博的爱洒向了人间。

← 中国人民的好总理——周恩来

↙ 1958年4月,周恩来到河南省考察工作,与习仲勋等在飞机上研究三门峡水库的建设情况

↖ 20世纪50年代的邓颖超

← 周恩来和邓颖超在火车上

↑ 为研究治理长江的规划，1958年2月底至3月初，周恩来冒雪视察荆江大堤

↖ 1959年10月，周恩来在黄河三门峡大坝工地视察

↑ 1959年，周恩来在习仲勋和万里的陪同下，到北京密云水库视察工作

↗ 1966年3月8日，河北邢台地区发生强烈地震。这是周恩来在灾区慰问受灾群众，鼓励他们以愚公移山的精神，"奋发图强！自力更生！发展生产！重建家园！"

→ 周恩来在邢台地震灾区慰问灾民

← 戴上红领巾，收下海南少年一片心。1960年，周恩来、邓颖超和海南岛华侨农场少先队员在一起

↓ 1959年10月1日，周恩来和毛泽东、刘少奇、朱德、宋庆龄同中国人民解放军元帅和将军们在天安门城楼上合影

→ 1964年12月至1965年1月，第三届全国人大第一次会议在北京举行。这是周恩来在会议期间同全国人大代表和全国政协委员一起畅谈

↘ 1964年2月，周恩来和陈毅、宋庆龄在昆明的合影

↑ 周恩来关心祖国的统一大业,他曾说:"我们这辈子如看不到祖国的统一,下一代或再下一代总会看到的,我们只要播好种,把路开好了就行"。这是他在北京接见蒋经国的舅父毛懋卿和他的女儿时的合影

↑ 1949年,周恩来、邓颖超和文艺界人士合影。前排右起:徐肖冰、何谦、乔冠华、张昕;中排右起:龚澎(一)、白杨(三)、张瑞芳(四);后排右起:周恩来、张楠、龚普生、邓颖超、曾宪植

↑ 1953年1月,周恩来和著名画家齐白石老人交谈

↑ 1957年7月,周恩来观看北方昆曲剧院和著名京剧表演艺术家梅兰芳(前排左二)的演出后,和艺术家们在一起

↗ 1959年5月6日,在第二届全军体育运动大会开幕式上,周恩来在观看航空表演后看望官兵们

→ 1960年,周恩来、邓颖超观看话剧《以革命的名义》(又名《列宁与第二代》)后,与全体演职人员合影

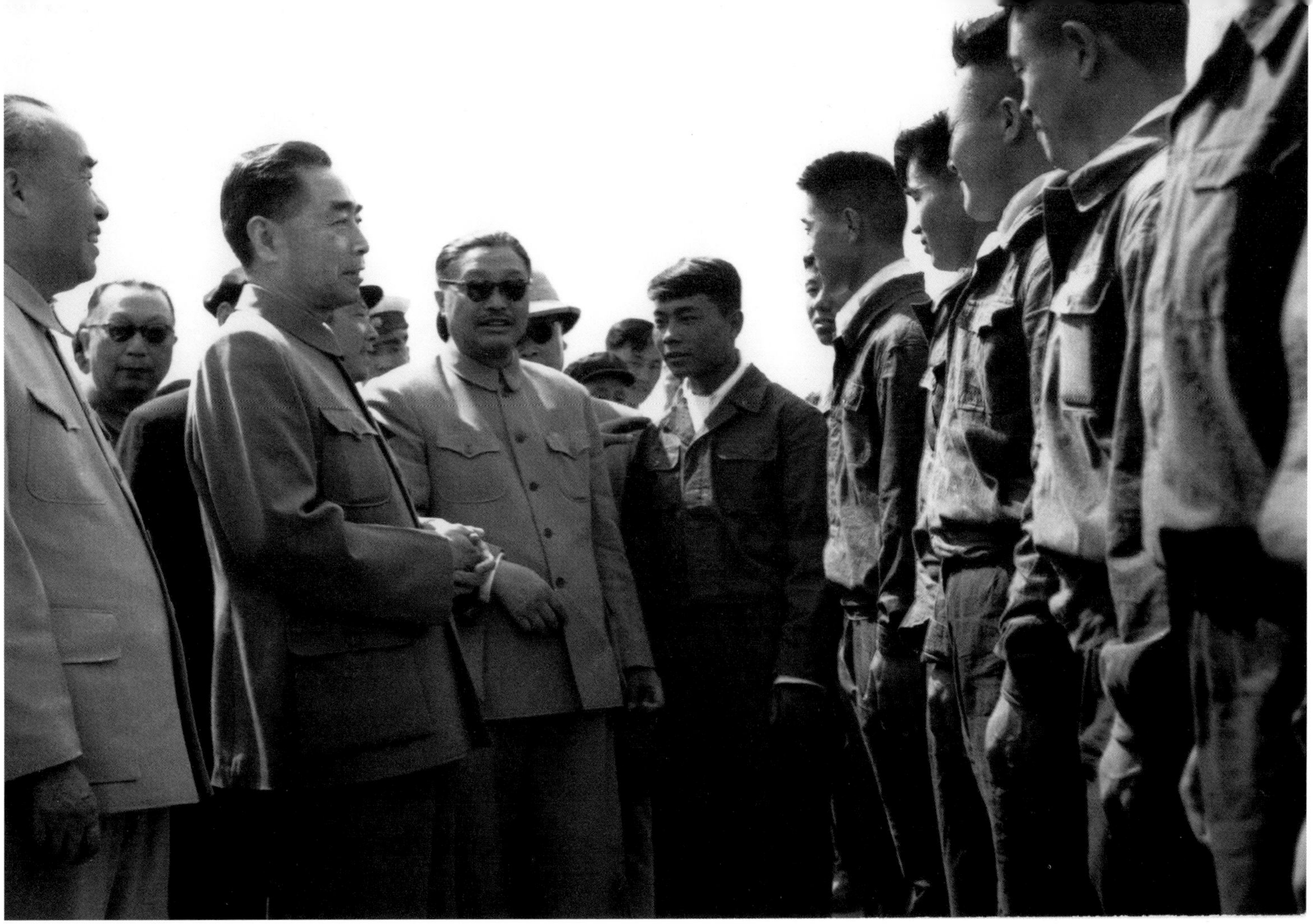

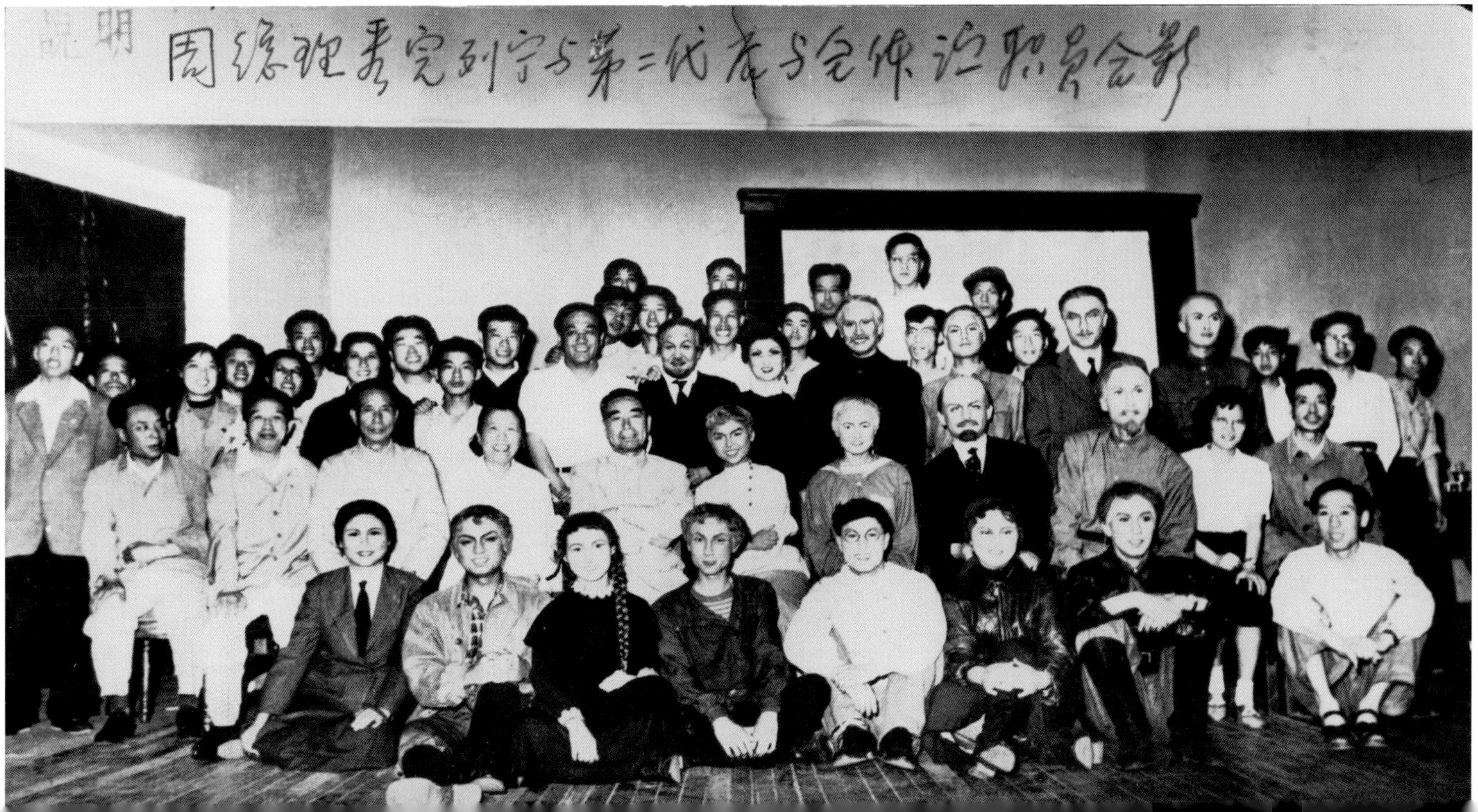
說明
周總理看完列宁与第二代后与全体演职员合影

↖ 1961年4月，周恩来出席第二十六届世界乒乓球锦标赛组委会举行的联欢会，祝贺运动员取得好成绩。右二为庄则栋，右三为徐寅生，右五为邱钟惠

← 周恩来是我国原子能事业的奠基者。他曾说，建国后"我关心两件事，一个上天，一个水利"。20世纪60年代，在以周恩来为主任的中央专委会领导下，尖端科技事业取得突破性的进展。这是1964年10月16日，周恩来在人民大会堂宣布中国第一颗原子弹爆炸成功的喜讯

↑ 1958年10月，周恩来和陈毅同中国人民志愿军在一起
↗ 1958年6月，周恩来在北京十三陵水库工地劳动
→ 周恩来和各界青年在一起

↑ 1962年6月21日，周恩来在大庆油田视察地下油管

↖ 1962年6月,周恩来在吉林省延吉市农村朝鲜族老大娘家做客

← 周恩来和各国朋友欢聚一堂

→ 外交家周恩来

← 相知相爱、挽手同行的革命夫妻周恩来与邓颖超

↑ 1954年4月,周恩来率领中国政府代表团出席日内瓦会议。他代表新中国第一次登上国际外交舞台,为会议取得圆满成功做出了卓越贡献。图为周恩来在中国代表团席位上

↖ 日内瓦会议期间，周恩来和中国代表团代表张闻天（坐者右三）、王稼祥（坐者右二）、李克农（坐者右六）及代表团主要工作人员在驻地商谈工作

← 1955年4月，周恩来在万隆会议上发言

↗ 1955年4月11日，台湾国民党特务阴谋暗害出席万隆会议的周恩来，制造了"克什米尔公主号"飞机爆炸事件。这是周恩来在纪念牺牲烈士遇难一周年大会和烈士遗骨安葬仪式上

→ 周恩来与柬埔寨国家元首西哈努克亲王自1955年在万隆会议相识后，一直保持着亲密的友谊。西哈努克亲王送他的孩子到中国读书，受到邓颖超的关怀和照顾。这是1963年周恩来和邓颖超与西哈努克亲王及其家人合影

157

158

↖ 1960年8月17日，周恩来出席由印度尼西亚驻中国大使馆临时代办苏雷曼举行的国庆招待会。前排左起：朱德、周恩来、苏雷曼、李先念、习仲勋

← 1962年7月26日，周恩来在习仲勋的陪同下出席古巴驻中国大使奥斯卡·皮诺·桑托斯举行的招待会

↑ 20世纪60年代初，邓颖超手术初愈，老舍夫人胡絜青精心绘制了一把牡丹团扇送给邓颖超，祝她身体健康。笃重友情的周恩来和邓颖超特意在西花厅家中照了这张照片寄给老舍夫妇留作纪念

↗ 20世纪60年代的周恩来

第十五章　CHAPTER 15

⑮ 动荡岁月同舟渡
丹心一片傲霜雪

1966年，中国发生了一场政治风暴，迅速席卷了神州大地。这就是引起十年内乱的"文化大革命"。

"文革"初期，周恩来常常在各种场合下检讨自己"老革命遇到了新问题"，作为国家总理，他希望通过自己的努力，尽量减少"文革"造成的损失。他继续维护着中国经济的正常运转和生产建设的进行，向许许多多被发动起来的群众和红卫兵做说服工作，为保卫中南海、公安部、外交部、国防部和各个新闻单位而煞费苦心。

他保护了许多干部和爱国民主人士。根据毛泽东关于章士钊要求保护的来信批示，他列出一份保护干部的名单，包括宋庆龄、郭沫若、章士钊、程潜、何香凝、傅作义、张治中、邵力子、蒋光鼐、蔡廷锴、沙千里、张奚若、李宗仁，等等，并且将全国人大常委会副委员长、常委，政协副主席，国务院副总理，各部部长、副部长，各民主党派负责人，最高人民法院、最高人民检察院负责人等均予以保护。为了保护国务院各部委的领导，周恩来曾将他们安置在中南海、京西宾馆、中直招待所等地方居住。一次造反派揪外交部长陈毅去批斗，周恩来知道了，立即赶到现场对红卫兵说："如果你们要带走陈毅同志，那就从我身上踏过去。"对彭德怀、罗瑞卿、贺龙等老同志，周恩来几次出面保护。有人要揪罗瑞卿去批斗，周恩来指示"绝不能把人带走"。当罗瑞卿被造反派带走后，周恩来反复做工作，把罗瑞卿保了下来。

周恩来得知造反派把彭德怀从成都劫往北京时，立即表示"我来派人去接"。这样，他避开了"文革"小组其他人，细心安排"监护"，使得彭德怀同志免遭折磨和摧残。他曾不顾疲劳，亲自在夜半三更与卫戍司令傅崇碧到几位老帅的住所检查那里的警卫工作。在中央"文革"反"二月逆流""抓军内一小撮"时，周恩来专程到卫戍区召开特别紧急会议研究保护老帅们的措施。

1966年年底，国家经委造反派到广州去揪经委的负责人时，周恩来派军区的同志把他接到北京医院治病，保护起来。当周恩来得知北京市委彭真、刘仁及万里、夏衍等人被造反派带走时，立即指示北京卫戍区傅崇碧、周荣鑫等人找回他们，指示一定要保护好他们。许多地方同志被打成"叛徒"蒙冤后，周恩来只要了解当时的情况就会立即写信给中央，证实他们的历史清白。

他亲自派飞机将阿沛·阿旺晋美夫妇接到北京安置，对揪住解放军总政治部主任肖华的人说："肖华是个红小鬼，从他整个历史上看是光荣的。"他苦口婆心地劝说造反派的两派不要武斗，要团结不要分裂，要抓革命、促生产。

对想趁"文化大革命"混乱之机满足自己私欲的个别领导干部，周恩来不仅不保护，打击起来也毫不留情。他命令逮捕了财政部一位操纵造反派组织妄图抢夺国家财政大权的副部长。听说二机部造反派夺了党委领导权，他立即愤怒地批评"你们简直没边了！"，并宣布"不能夺财政、外交、国防、宣传等大权"，"你们宣布罢官是不算数的！"

"文化大革命"期间，周恩来不辞劳苦、殚精竭虑地保护和救出的同志不计其数。一次周恩来在与和他一起奋斗、维持着国家经济中心指挥运转的李富春谈心时，面对几十年出生入死的老战友，他袒露了自己的心声："我不入虎穴，谁入虎穴？我不入地狱，谁入地狱？"这一声长叹，表明了他在那个特殊历史时期的举步维艰，也表明了一个真正的共产党员怎样为了他人，不惜牺牲自己的一切，他的内心是多么的坚强而又多么沉重。

邓颖超在"文化大革命"中处境艰难，实行了"三不主义"，即不跟任何人来往、不跟任何人通信、不跟任何人见面。用她自己的话说是"与世隔绝"。

她只是嘱咐一些早期的战友如刘清扬、许广平、罗叔章等：这是一场避免不了的运动，是一场考试，大家不能伤害组织，不能伤害群众，不能伤害同志和朋友。

她这"三不"的意见使很多同志受益匪浅，后来有同志回忆说，"若不是邓大姐的嘱咐，我在被围攻批斗中也许就不能很好把握自己"，"我记住了'三不'始终坚持不伤害同志和朋友，通过了'考试'，保持了自己共产党员的品格"。

邓颖超还给许多当年在国统区一起战斗的同志写了证明材料，使他们免受冤屈。

宋庆龄在北京的住宅经周恩来指示被北京卫戍区保护起来，但上海却发生了其父母墓地被砸事件。廖梦醒把这件事告诉了邓颖超，邓颖超立即告知周恩来，周恩来十分愤怒，马上命上海市政府派人修好墓地并要求把修好的墓地照片立即寄到北京汇报。收到照片后，邓颖超亲自送到宋庆龄的住所。宋庆龄看了照片后非常感动，与邓颖超紧紧拥抱，并叮嘱她和周恩来要好好珍重自己。

邓颖超得知造反派不拨付宋庆龄医疗保健费用很着急，经过多方奔走解决了这个问题。事后，宋庆龄特地写信感谢她。

邓颖超还受周恩来委托去看望何香凝，何香凝非常思念自己的儿子廖承志，周恩来就设法让廖承志住进医院治疗，母子在医院里见了面。

贺龙在"文化大革命"一开始就受到冲击，周恩来和邓颖超把他接到西花厅住下，躲避了一段时间。后来消息被造反派得知了，周恩来就与卫戍区研究把贺龙夫妇送到西山一处隐蔽的住处，并派战士保护起来。但贺龙最终还是被林彪一伙迫害致死，周恩来知道这个消息后悲愤交加。几年后，在贺龙骨灰安放仪式上，被癌症病魔缠身的周恩来，坚持抱病参加了追悼会，他泪流满面地对贺龙夫人说："薛明呀，我没有把他保护好呀。"薛明紧紧握住他的手，哽咽地说："您也要保重身体啊。"周恩来在当时的环境下做了自己能做到的一切，但严于律己的他仍觉得自己做得很不够。

"文化大革命"中超负荷的工作量加上内心的沉重和焦虑，终于使周恩来病倒了。

一日，他突然感到胸闷、无力，当时汗如雨下、不能起身，医生诊断他患了严重的心脏病，立即给他吸氧、用药，并要求他立刻休息。

周恩来知道自己的病情后很冷静，他知道自己的工作，他不能休息。他嘱咐身边的工作人员，对他的病情保密，他还要处理很多的事情。

身边的秘书、卫士们与周恩来感情很深，他们心疼周恩来，担心他的病情继续发展。大家商量了一个办法，请一位秘书执笔写了一份大字报，强烈请求周恩来休息。大字报上的签名除了日常工作生活中与周恩来朝夕相处的工作人员外，还有常来西花厅研究工作的陈毅、聂荣臻、叶剑英等领导同志。

周恩来看见贴在门上的大字报，非常感激大家对他的爱护和关心，但是他有些无奈地对大家说："我不能休息啊，你们看，这么多文件都等着我批，那么多的事等着我办，我能休息吗？"

周恩来在大字报边上批了"诚恳接受，要看实践"八个字，就带着氧气袋，继续工作了。

邓颖超在这份大字报下写了五条补充意见：

一、力争缩短夜间工作时间，改为白天工作；

二、开会、谈话及其他活动之间，稍有间隙，不要接连工作；

三、每日工作安排应留有余地，以备临时急事应用；

四、从外面开会、工作回来后，除紧急事项，恩来同志和有关同志不要立即接触，得以喘息；

五、会要开短些，大家说话简练些。

以上几点希望恩来同志坚持努力实践，凡有关同志坚持大力帮助。

周恩来接受了妻子的这一份爱，但是一工作起来，这些规定又怎么能顾得上呢。一次为了阻止外事部门的造反派拦陈毅的汽车，周恩来整整用了十八个小时做他们的工作，致使心脏病再次发作。正在南方的毛泽东知道后特地电告周恩来："告诉总理，要多睡觉，不要开长会，不要多说话。"

邓颖超守护在周恩来身边，和医生一起研究如何使丈夫早日康复。见周恩来病好后又全身心地投入工作中，她默默地递上了字条："恩来，我看你的面容精神是疲乏不堪了，应该休息一下才是。"

中共"九大"前后，斗争异常复杂，很多原八届中央委员、候补中央委员都被排除在外。周恩来忧心忡忡。邓颖超又给丈夫写了如下字条："对事对人要放眼量，力戒急躁和激动，……以免影响心脏波动。"邓颖超以字条的方式与丈夫交心并劝慰，已经成为他们夫妻的一种特殊的交流方式了。这样的字条很多，周恩来知道妻子关心自己，心里很温暖，但从没有回复过。在他出访朝鲜之前，邓颖超又写了长达四百字的字条给他，他看到了许多嘱咐，这一次破例回复道："同意你的好建议，我当照办。"

这些字条后来都被收集在一起，成为周恩来、邓颖超夫妻相慰、相爱的历史印迹。

周恩来在心脏病时时会发作的情况下，处理了国内许许多多、大大小小的事务。在林彪出逃期间，在促进中美关系开始走向正常化、中日邦交正常化、中国核试验、人造卫星上天期间，他经常通宵达旦地找人谈话，会见外宾，工作多得不可胜数。他的身体每况愈下，有时需要靠吸氧和注射球蛋白维持体力，坚持工作。

1972年5月18日，经过医生会诊，周恩来患了早期膀胱癌。医生没有把诊断结果告诉周恩来。

病中的周恩来积极地配合治疗，同时要求医生的治疗不能影响他的工作，他要争取时间，把国家的大事安排好。

1973年3月10日，经过周恩来的努力、毛泽东的批准，中共中央发出《关于恢复邓小平同志的党的组织生活和国务院副总理的职务的决定》。

邓小平复出文件下发的当天，周恩来委托邓颖超代表他，去看望邓小平夫妇、李富春夫妇和刘伯承元帅，之后他又亲自与邓小平进行了长谈。他觉得接班人有望，心情愉悦，病情也得到初步控制。

1974年6月1日，周恩来住进中国人民解放军三〇五医院。

当天，他接受了癌变切除的大手术。

邓颖超陪伴在丈夫身边。她已经七十多岁，久病缠身，但她坚持每日上午去参加学习，下午带着秘书和他们挑选的文件去看望周恩来，亲自念文件给他听。周恩来的病情虽严重，但终于可以在医院安下心来治疗了，邓颖超心里很安慰，希望在专家的努力下，他的病情可以得到控制，慢慢康复。

从1974年6月起，周恩来动了大小手术十四次。但其间他却谈话二百二十人次，谈话对象包括中央领导、各地区部门负责人、身边工作人员；会见外宾六十五次；参加会议三十二次，有一次会议开了三小时四十五分钟。这些还不包括看材料、批改文件等工作的时间。

这是以怎样的毅力支撑着病体？这是以怎样忘我的精神去进行工作？

"文化大革命"中，"四人帮"利用"伍豪"事件对周恩来进行诬蔑和攻击。在1975年9月周恩来最后一次进手术室前，他要工作人员找来自己于1972年6月23日在中央批林整风汇报会上所作《关于国民党造谣诬蔑地登载所谓"伍豪启事"问题的报告》，用颤抖的手签上"周恩来，于进入手术室，一九七五、九、二十"，并大声说："我是忠于党，忠于人民的！我不是投降派！"

守候在旁的邓颖超紧紧握住他的手，周恩来赤胆忠心，日月可鉴，怎能容忍"四人帮"的诬蔑？！

1976年1月5日，周恩来做了最后一次大手术，邓颖超直到深夜才从医院回家。那些日子守候在家中的秘书和工作人员最怕听到的是电话铃声，就怕是医院来的。

1月8日上午，西花厅的电话铃骤然响起，医院来电话，说周恩来情况不好。邓颖超在秘书赵炜的陪伴下赶到医院，医生们还在抢救，但已经没有希望了。邓颖超悲痛欲绝。

1976年1月8日9时57分，周恩来与世长辞，享年七十八岁。

上午11时，来向周恩来遗体告别的中央领导同志到齐了。邓颖超向他们转述了周恩来生前提出的三点请求和她个人的意见：

"一、他十几年前的意愿，请求不保留骨灰，将骨灰撒在祖国的江河大地上；二、不要特殊、不要超过任何人（这是指对他的后事处理）；三、不要开追悼会，不要搞遗体告别。对恩来同志的丧事要从简，数九寒天，群众太冷，死者什么也不知，所有的一切为了给活人看，浪费人力、物力。上述三点请求报告毛主席、党中央批准。对恩来的丧事一切由组织决定，我个人没有什么意见和要求，希望能满足恩来同志的要求。"

邓颖超完成了周恩来最后的托付。

↑ 1955年8月，周恩来与邓颖超登长城留影
→ 1970年5月20日，周恩来和邓颖超在中南海西花厅合影

↑ 1967年8月，周恩来在北京工人体育场接见全国各地来京串联的群众，动员他们回到工作岗位上去

← 1966年9月，周恩来和陶铸、李富春、谭震林等接见来北京串联的各界群众和红卫兵代表

↗ 面对严峻的形势，周恩来力挽狂澜，苦撑危局，夜以继日地操劳，尽力维系党和国家各项工作的运转

→ "文化大革命"时期的周恩来

↑ "九一三"事件后,在毛泽东的支持下,周恩来主持中央日常工作。他依然领导开展批判极"左"思潮的斗争,使各方面工作出现了转机。这是1971年10月他在北京东方红炼油厂视察

← 1971年12月31日，周恩来在新年招待会上，向长期帮助我国建设的各国专家和他们的夫人祝贺新年，并问候在"文化大革命"中受过冲击的外国专家

↙ 林彪事件后，周恩来主持中央日常工作。他花了很大力量整顿企业，批判并肃清极"左"思潮的影响。1971年10月，周恩来到北京化工厂视察时，观看该厂生产的人造橡胶

→ "文革"中的邓颖超

↘ 1971年4月14日，周恩来接见应邀来华访问的美国乒乓球代表团全体成员。这一经毛泽东、周恩来决策的来访，被誉为小球转动大球的"乒乓外交"

↑ 历史性的握手,标志着"中美友好来往的大门终于打开了"。在"文化大革命"极端困难的条件下,周恩来为开拓外交新格局,做出了卓有成效的努力。这是1972年2月他在首都机场迎接来华访问的美国总统尼克松

↓ 1971年7月10日下午,周恩来在人民大会堂福建厅会见秘密来华访问的美国总统国家安全事务助理基辛格

关于国民党造谣污蔑地
登载所谓"伍豪启事"问题的报告
——周恩来同志一九七二年六月
二十三日晚在批林整风汇报
会议上的报告 周恩来 1972.6.23
地点：北京人民大会堂东大厅

这个问题，是在文化大革命初期，有人提
出来的。当时，已向主席报告了，主席有过
批示。后头因为没有机会，没有向更多的
同志来说这个问题。这一次开会，开始主席
就嘱咐我，要我讲一讲，给三百多位同志
讲一讲，录音下来，将来成为党的档
案，保存起来。因为这个污蔑的性质，它
是直接用我的笔名"伍豪"，必须要说
清楚。就是判别国民党伪造的东西，跟
真的叛徒那种真的启事，要有区别。因为

↖ 周恩来同尼克松会谈

← 1972 年 9 月，《中日联合声明》签字仪式在北京举行，为了这一天，周恩来不懈努力了二十多年。这是他代表中国政府签字

↑ 1972 年 6 月 23 日，周恩来《关于国民党造谣污蔑地登载所谓"伍豪启事"问题的报告》录音记录稿第 1 页

↗ 1973 年 7 月，周恩来在机场迎接来访的刚果总统马里安·恩古瓦比

↖ 1973年9月，周恩来在机场迎接法国总统乔治·蓬皮杜

← 1973年5月1日，邓颖超陪同美国妇女代表团在北京中山公园参加纪念"五一"国际劳动节游园活动

↑ 1974年9月30日，病情沉重的周恩来最后一次在国庆招待会上致辞。当他步入宴会厅时，全场那经久不息的暴风雨般的掌声，至今还回荡在人民的心中

↑ 1975年9月7日，周恩来在医院会见维尔德茨（前排左四）率领的罗马尼亚党政代表团。这是他最后一次会见外宾

伟大的无产阶级革命家、政治家邓颖

第十六章 CHAPTER 16

16

革命伉俪惊寰宇
壮丽人生照地天

悲痛的阴云笼罩了中国大地。

一代巨星陨落了。大地在哭泣，山河在悲鸣，举国上下万民泪飞如雨，举世哀悼，呼号恸哭，惊天动地。

1976年1月10日下午，邓颖超向周恩来的遗体告别。在北京医院告别厅里，周恩来静卧在青松翠柏和鲜花丛中，胸前仍佩戴着那枚"为人民服务"纪念章，身上覆盖着鲜红的党旗。遗体前摆放着邓颖超献的鲜花花圈，挽带上写的是"悼念恩来战友，小超哀献"。

1月11日下午，十里长街，伫立着为周恩来送行的人们——白发苍苍的老人，风华正茂的青年，稚气未消的儿童——人们在静静等待着，等待着周恩来的灵车。

挽着黑纱的灵车从长安街上缓缓驶来，人们埋藏在心里的悲痛爆发了，凛冽的寒风吹不散人们脸上的泪水，人民在内心里呼唤着周恩来：总理啊，我们想念你！几十万送行群众的哭声骤起，八亿人民的眼泪奔流。紧随灵车后面是邓颖超乘的车。街道两旁的情景深深地感动了她。她让司机加快点速度，好让寒风中的群众早点回家。

1月15日，邓颖超出席了周恩来追悼大会。会后，邓颖超对医护人员表达了对他们照顾治疗周恩来所付出的辛苦的感激之情，同时总结了周恩来的一生：

"一个人，为人民的利益而死，就是死得其所。周恩来同志正是这样的人，他是一位人民的勤务员。他一生的追求，一生的奋斗，都是为人民的利益，为了实现共产主义远大理想这样一个崇高目标的。"

她希望大家"化悲痛为力量，继承周恩来的遗志，努力做好各自的工作，为把我国建设成为社会主义现代化的强国而奋斗"。

邓颖超这样希望别人，她自己更是以身作则——继承丈夫的遗愿，为革命继续奋斗。

当天晚上邓颖超护送周恩来的骨灰到通县机场，委托治丧委员会的两位同志和周恩来的卫士张树迎、高振普代表她将周恩来的骨灰撒到北京上空、密云水库、天津海河和黄河入海口，撒向祖国的山川河流。

不留骨灰，不立碑，把骨灰还给祖国的大地，这是周恩来的遗愿，也是他临终前与妻子商量好的。邓颖超说："我们二人共同商定，相互保证，把我们的骨灰撒到祖国的大好河山去，撒到水里、土里去。从土葬到火葬，从保留骨灰到不保留骨灰，这是思想观念上的重大变化，是移风易俗的重要改革。……"

有人提出是否保留一点骨灰，放在八宝山，邓颖超坚持说："一点也不保留，我和恩来早已有约，谁也不留骨灰。"

周恩来走了，他的骨灰和他热爱并为之奋斗了终生的祖国大地融为一体，魂归蓝天。他没有为自己立墓立碑，但他在人民心中立起了一座不朽的伟大丰碑。

联合国为周恩来的离世降半旗志哀，世界各国都为一位当代的伟人、和平的使者而哀痛。

一位联合国代表向时任联合国秘书长瓦尔海德姆提出，联合国只为各国元首去世而降半旗，周恩来只是国家总理，为什么我们国家的总理去世不能有此规格？联合国秘书长回答说："要是你们国家的总理也像周恩来一样，死后没有财产，没有子女，只有人民对他的热爱，我也可以为他降半旗。"

邓颖超在周恩来逝世后，不顾年迈，继续努力为党和国家做出贡献。她担任过中共中央政治局委员，中纪委第二书记，全国人大常委会副委员长和政协第六届全国委员会主席，中央对台领导小组组长，中国人民对外友协名誉会长，全国妇联名誉主席。

她代表中国频频出访，访问了泰国、柬埔寨、缅甸、斯里兰卡、日本、朝鲜、伊朗、法国和欧洲议会等众多国家和机构。她还在访问日本时专程为岚山脚下的周恩来纪念碑揭幕，之后又访问了周恩来早年学习和居住的地方。她像周恩来一样为中国人民与各国人民的友谊架桥铺路，外国记者评论她是"一位同样智慧和能干的夫人"。

此时的邓颖超实践了自己在周恩来追悼会后的决心：化悲痛为力量。她常常工作起来忘了休息，处于"三多"状态，即文件多、开会多、外宾多。高龄的邓颖超似乎在拼尽自己的最后岁月以完成周恩来未能完成的事业。

她无比怀念自己的至亲至爱，利用下基层调研的机会把她与周恩来记忆深刻的地方重走了一遍。她去了广州、福建、长沙、西安、重庆红岩村当年的"周公馆"、天津觉悟社旧址、前直隶第一女师的后身——河北师大，用回忆过去战斗年代经历的故事教育身边的工作人员和年轻人。

在全国政协主席的岗位上，邓颖超经过几年的工作使大批政协委员和知名人士落实了政策，改进了政协提案工作，并主持了六届政协换届工作。她广泛发扬民主，尊重和调动政协委员的积极性，提高了人民政协在建设有中国特色的民主生活中的作用，推动了全国各地方政协的建设工作。

1988年3月，邓颖超从领导岗位退下来。退休以后，她仍以饱满的革命热情继续为党分担着工作，多次代表中国政府会见外国客人，以她丰富的政治经验和独有的外交才能以及在世界各国享有的威望，促进中国人民和世界人民的友好交往，为外交工作贡献余热。

邓颖超仍旧关心青年，热爱孩子们。她亲自动笔写文章激励青少年一代："我们的事业是宏伟而艰巨的，为了建设现代化的社会主义祖国，需要人民同心同德，做长期、坚韧、艰苦的奋斗，而这种奋斗，需要一代接一代的革命者和建设者来完成，因此，提高作为接班人的青少年一代的素质，尤其是提高他们的思想品德素质，对我们的社会发展具有战略意义。"

她继续关心自己为之奋斗多年的妇女工作。她在纪念"三八"妇女节的贺词中希望"广大妇女要认识社会发展和妇女运动发展的规律，继续坚定不移地在中国共产党领导下，走社会主义道路……为振兴中华，统一祖国做出更大贡献"。

就自己的身后事，邓颖超给中央留下了两份感人至深的遗嘱，提出自己要与周恩来一样，不保留骨灰，不搞遗体告别，不开追悼会，并将自己住的房屋在去世后交还国家，希望不要搞什么故居，"这是我和周恩来生前就反对的"。

邓颖超于1992年7月11日逝世，享年八十八岁，在周恩来离世十六年后，她也离开了她热爱的祖国和人民，走完了她鞠躬尽瘁、为人民操劳奋斗的一生。

遵照她的遗愿，她的骨灰由秘书赵炜和高振普在天津市民悲痛的抽泣声中，伴着鲜花瓣撒向她的第二故乡——早年她参加革命的天津的海河之中。

周恩来、邓颖超这对为中国人民的幸福奋斗奉献了一生的伟大魂灵，在他们深深热爱的土地和江河中，在无边无际的广阔寰宇中汇合了。这对中华民族的优秀儿女、无可比拟的模范夫妻，以他们一生可歌可泣的英勇斗争的经历，以他们一生忘我无私的奉献，以他们高贵的品格、博大的胸怀，在人民心中矗立起不朽的丰碑。

周恩来、邓颖超的大爱像温暖的太阳，照耀着祖国大地，使万物生机勃勃；他们壮丽的人生给予后人继往开来的无穷力量，激励亿万人民为实现中华民族伟大复兴的中国梦而努力奋斗。

周恩来、邓颖超永远活在人民心里。

↑ 鞠躬尽瘁的周恩来

↑ 周恩来和邓颖超合影
↓ 邓颖超哀悼周恩来
↗ 各界群众向安卧在青松翠柏丛中的人民的好总理告别
→ 1976年1月11日下午，百万群众冒着凛冽寒风，久久地伫立在长安街两旁，目送灵车缓缓西行，哭别周总理
↘ 首都各界群众自发汇集到天安门广场，在人民英雄纪念碑前敬献花圈，寄托哀思

← 1976年1月12日至14日，首都各界群众在劳动人民文化宫举行隆重的吊唁仪式

↓ 追悼大会会场

→ 邓颖超抱着周恩来的骨灰盒走出灵堂，怀着极其悲痛的心情送总理上路

↑ 邓颖超含悲献上用鲜花编织成的花圈,挽带上写着:"悼念恩来战友,小超哀献",表达了两位无产阶级革命家生死不渝的伟大情怀

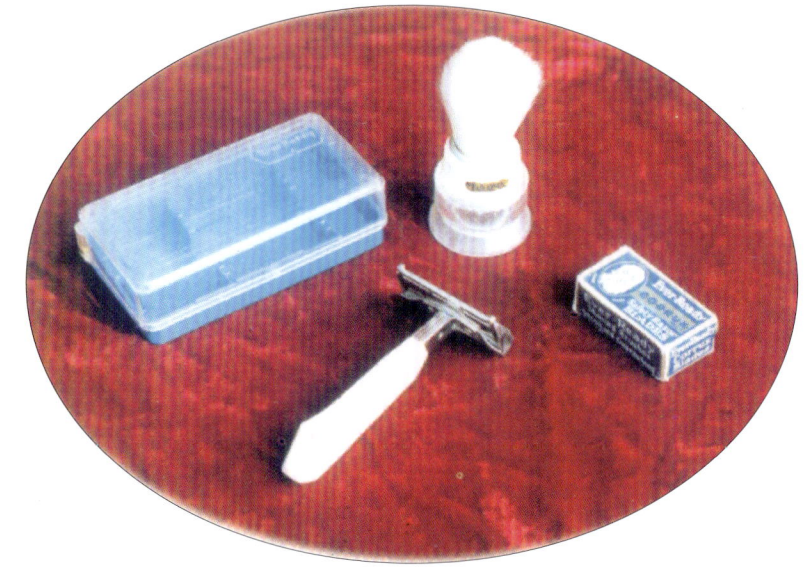

↑ 周恩来戴过的国产上海牌手表

↗ 周恩来使用过的落地台灯

↓ 周恩来使用过的毛巾和口杯

↑ 周恩来刮胡子的用具

↓ 伊尔14型678号飞机，是1957年8月苏联政府赠送给周恩来的专机。该机是周恩来的第一架专机，自1957年至20世纪60年代中期，他乘坐这架飞机飞遍了祖国大江南北视察工作，并多次出访缅甸、印度、越南等周边国家

↗ 天津周恩来邓颖超纪念馆中展出的总理专车。1950年1月，毛泽东访问苏联回国时，斯大林赠送了十辆苏联嘎斯公司制造的吉姆12高级轿车，其中一辆被分配给周恩来作为专车使用

↘ 周恩来使用了20多年的行李箱

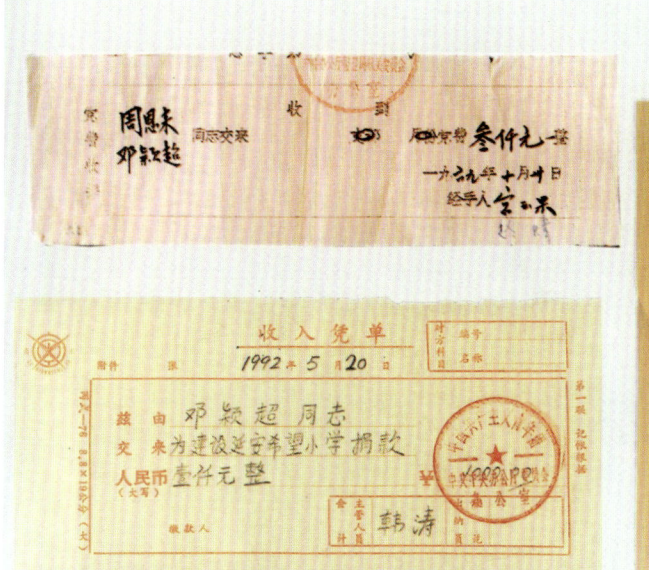
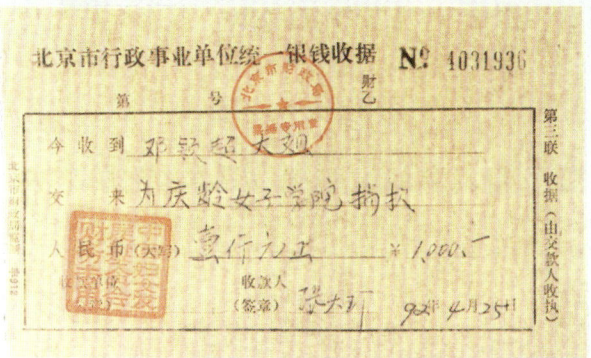
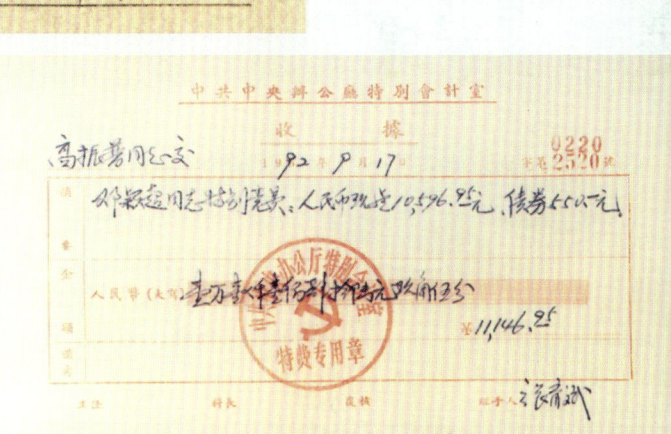

↑ 周恩来与邓颖超的"额外"支出——各项捐款

↖ "寥廓海天，不归何待。"周恩来曾用这八个字表达他对台湾回归祖国的殷切期待。20世纪70年代末，邓颖超接任中央对台工作领导小组组长，继续为祖国统一大业不懈努力。图为她和康克清同爱国人士缪云台在一起

← 1985年12月，邓颖超视察珠海期间，参观工厂

↑ 1978年1月，邓颖超率全国人大代表团访问柬埔寨，受到金边人民的热烈欢迎

↑ 法国巴黎戈德弗鲁瓦大街17号,是周恩来旅欧时期居住过的地方。1980年6月10日,率团在法国进行友好访问的邓颖超专程到这里凭吊和参观

↑ 1977年4月,邓颖超率全国人大代表团访问斯里兰卡,斯里兰卡总理班达拉奈克夫人到机场迎接

↑ 周恩来生前曾希望能在樱花盛开的时节重访日本，但始终未成行。1979年4月，邓颖超率团访日，受到日本政府和人民极其隆重的欢迎和接待。这是她在烂漫绚丽的樱花树下留影

↗ 身边工作人员悼念邓颖超

→ 1992年7月18日，身边工作人员和亲属在邓颖超灵船前合影

摄影：（按姓氏笔画为序）

丁翔起　王一兵　王永宏　王传国　牛畏予　吕相友
吕厚民　乔治·洛蒂　许万育　刘少山　刘东鳌
刘庆瑞　汤庆森　齐观山　齐铁砚　成元功　杜修贤
何世尧　花　皑　苏俊慧　李九龄　李虎臣　李学增
李基禄　吴　群　吴化学　吴印咸　邹健东　张　举
张　彬　张赫嵩　陈之平　陈正青　武基国　孟庆彪
孟昭瑞　郑茂相　官天一　侯　波　胡宝玉　赵　炜
赵行杰　俞沛文　袁　浩　袁汝逊　钱嗣杰　徐大刚
徐肖冰　郭占英　高　风　高　粮　高振普　唐理奎
黄新民　曹兴华　盛承天　雪　印　梦　珊　崔宝林
康茅召　塔吉·古拉　程　默　童小鹏　鲍乃镛　雷明明

部分照片的作者不详，未列入名单。如有遗漏和付酬问题，请联系本社版权部。

鸣谢单位

韶山毛泽东同志纪念馆
天津周恩来邓颖超纪念馆
淮安周恩来纪念地管理局
绍兴周恩来祖居纪念馆
中国代表团梅园新村纪念馆
刘少奇同志纪念馆
板仓杨开慧故居
中共龙岩市党史研究室
古田会议纪念馆
中共遵义市党史研究室
遵义会议纪念馆
四渡赤水纪念馆
延安革命纪念馆
杨家沟革命纪念馆
西柏坡纪念馆
西安八路军办事处